WJS CORSO

WJS

Joachim Fest

Der zerstörte Traum

Vom Ende des
utopischen Zeitalters

CORSO bei Siedler

Der Siedler Verlag ist ein gemeinsames Unternehmen der Verlagsgruppe Bertelsmann und von Wolf Jobst Siedler.

CIP-Titelaufnhme der Deutschen Bibliothek

Fest, Joachim: Der zerstörte Traum:
Vom Ende des utopischen Zeitalters / Joachim Fest. –
1. Aufl. – Berlin: Siedler, 1991
(Corso bei Siedler). ISBN 3-88680-335-X

Inhalt

Einführung

»Between the idea and the reality,
Between the motion and the act,
Falls the shadow!« T.S. Eliot

Es gehört zum Wesen historischer Brüche,
daß sie nicht nur die Verhältnisse verändern,
sondern auch die Vorstellungsmuster und Kate-
gorien durcheinanderbringen, die ihrem Begreifen dienen. So hat der friedliche Verlauf, den die
Umwälzungen in den sozialistischen Ländern
während der vergangenen zwei Jahre nahmen,
den klassischen, mit durchweg dramatischen
Bildern von Insurrektion, Gewalt und bürgerkriegsähnlichen Zuständen verknüpften Revo-
lutionsbegriff in Frage gestellt.

Noch erstaunlicher ist, daß dem Aufruhr jenes
Element sozialrevolutionärer Emphase fehlte,
das zweihundert Jahre zuvor die erste große, allen späteren Umwälzungen zum Modell gewordene Revolution der Neuzeit vorbereitet und vorangetrieben hat. Der Umsturz hatte keine Vor-
denker, die mit suggestiven Gesellschaftsent-
würfen die Massen zum Bewußtsein ihrer Not

7

gebracht und ihre Sehnsucht auf »die neue und gerechte Ordnung« gelenkt hätten. In allen Erhebungen von Warschau über Prag und bis Leipzig kamen die Träume jener endlich mit sich selbst versöhnten Welt nicht vor, von denen die modernen Revolutionen die Stichworte und zündenden Parolen erhalten hatten. Es war, als sei die Kraft der großen Verheißungen erschöpft. All die Morgenröten, Zukunftssonnen und neuen Weltentage, die so lange über dem Elend der Gegenwart aufgegangen waren, gerieten auf die Abstellplätze für veraltete Metaphern.

Keiner der Wortführer des Aufruhrs trat noch mit dem Anspruch vor die Massen, den Weg zum Heil zu kennen, das Paradies jenseits des Horizonts, und wie es zu gewinnen sei. Müde der grandiosen Wunschwelten, suchten die Menschen auf den Straßen etwas sehr Einfaches und Elementares zurückzugewinnen. Etwas, was diesseits aller Idealentwürfe liegt und den Zukunftsphantasien aus zweihundert oder dreihundert Jahren abhanden gekommen war. Was immer auf den Spruchbändern zu lesen stand, die auf den Straßen Mittel- und Osteuropas mitgeführt wurden: jedes drückte auf seine Weise das übermächtige Bedürfnis aus, endlich aus dem Schatten zu treten, den die Ideologien über die Epoche warfen und das Leben in jener unverkürzten, schönen Gewöhnlichkeit zu leben, für die es keinen Ausgleich gibt.

Die Absage an große Ziele und geschichtliche Aufgaben, an alles Ideenhaltige überhaupt, war einer der auffälligsten Begleitumstände dieser revolutionsähnlichen Prozesse. Die kühnen Menschheitsstrategien, die den Massen wieder und wieder von denen zudiktiert worden waren, die sich als ihre befugten Anwälte sahen, wurden einfach ignoriert. Eine Zeitlang verstummten denn auch die Ideenaufseher, und mitunter schien es, als werde in ihrem Schweigen etwas von dem Schock angesichts der Erkenntnis vernehmbar, daß jene Menschen, die sie so hoch hinaufgeredet hatten, noch immer nichts anderes als Menschen waren. Zugleich drängte sich wieder auf, was schon zwanzig Jahre zuvor, während der Protestbewegung, erkennbar geworden war: daß von den Schreibtischen keine Verbindung zu den Werkbänken oder Fertigungsstrecken führt und die Entfernungen unüberbrückbar sind. Zu den Fragen, die das Jahr 1989 aufgeworfen hat, gehört auch, ob das Rollenspiel der einen wie der anderen nicht zu Ende geht.

Überlegungen wie diese machen es denkbar, daß wir nicht nur die Zeugen ungewöhnlicher historischer Ereignisse sind und mehr erleben als die Auflösung eines gestern noch furchtverbreitenden Imperiums mitsamt seinen inneren und äußeren Machtstützen. Womöglich stehen wir an einer Zeitenwende von ungleich größerer Bedeutung. Die Szenenflucht vom Sturz eines

Riesenreiches, die unser Bewußtsein beherrscht, füllte dann nicht mehr als den Vorder-
grund, und viel tiefer reichende Veränderungen
wären am Werk, in denen altgewordene Vorstellungen ihre Macht über die Menschen verlieren.
Vom Ende der Epoche war seit langem die Rede.
Es war aber nur in schwer greifbaren Verschie-
bungen auszumachen. Jetzt tritt es, zusehends
an Umriß gewinnend, sichtbar hervor.

Zu dieser Epoche gehörte nicht nur die Erkenntnis von der Unvollkommenheit der Welt,
die es immer gab. Und zu ihren Eigentümlich-
keiten zählten auch nicht die unruhigen Geister,
die sich damit nicht abfinden konnten und ihre
Gedanken auf eine ideale Ordnung richteten, ein
Gelobtes Land, das weit und nah zugleich
schien. Es gibt durch die Jahrhunderte ein nicht
abreißendes Menschheitsgespräch über ein bes-
seres, befriedetes Dasein. Was aber diese Epoche
von jeder anderen unterschied, war der Glaube,
daß der Mensch die Unvollkommenheit seiner
Bedingungen überwinden und die Welt gleichsam neu erschaffen könne.

Dieser Glaube hat seit dem späten 18. Jahrhundert in immer neuen Zusammenschlüssen, in
Parteien, Bünden und Bruderschaften bis hin zu
den merkwürdigsten Sektenbildungen Ausdruck gefunden. Zwar gewannen diese Gruppen
selten mehr als marginale Bedeutung. Sie signa-
lisierten eher ein Bedürfnis. Aber in zweierlei

Gestalt gelangten sie, erst in Rußland und dann, während der Zwischenkriegsepoche, in vielen Ländern Europas zu historischer Bedeutung. Diese beiden Utopien traten in eigentümlich verschränkten und zugleich antagonistischen Bewegungen auf, die Millionen hinter sich sammelten, eine geschlossene Lehre mitsamt einer eigenen Moral, einem Katalog von Sünden und Strafen sowie einer Eschatologie entwickelten und das Bild einer erlösten Zukunft entwarfen. Sie entsprangen der gleichen Sehnsucht und gingen doch in schroff entgegengesetzte Richtungen. Ihre Verfeindungen, in denen immer etwas vom Haß auf das Spiegelbild wirksam schien, haben ein Menschenalter lang das Jahrhundert beherrscht. Dann ging die eine zugrunde. Was jetzt zerbricht, ist der andere jener historisch machtvoll gewordenen Träume, in denen die Welt nach neuen und doch uralten Vorstellungen geformt war.

Tatsächlich hat das marxistische Heilsversprechen Generationen von Anhängern zu Akten der Hingabe gebracht, wie sie nur von den großen Religionsgründungen bekannt sind: Jahre der Verfolgung, der Illegalität und Verschwörerei, in denen sie die Zuchthäuser aller Länder kennenlernten und nach einem berühmten Wort nur »Tote auf Urlaub« waren, immer erfüllt von der Gewißheit, den revolutionären Willen der Geschichte zu verkörpern, die sich majestätisch wie ein Strom dahinwälzte und an den Krümmungen die Leichen der Ertrunkenen zu Bergen häufte; auch mit Niederlagen, die den Glauben an die historische Notwendigkeit der eigenen Sache untergruben, wiewohl der Mythos zunächst seine Kraft behauptete, auch über schreckliche Enthüllungen und Widerrufe hinweg, denn die Geschichte konnte nicht irren, die Partei als ihr wissender Agent auch nicht, und Mitleid mit den Opfern war Verrat an der Idee; bis unter neuen Enthüllungen der Glaube dünn gerieben wurde, der Alltag die Reste zerfraß und zuletzt ein unsägliches Geschichtsverbrechen übrigblieb. Wer von der kommunistischen Botschaft nur die späte, bedrückende Herrschaftspraxis kennt, weiß nichts von der Macht irdischer Erlösungslehren.

Im Grunde hatte sich der Sozialismus der Moskauer Linie schon seit längerem von seinem halbreligiösen, endzeitlichen Anspruch gelöst, spätestens seit durch Chruschtschow gegen Ende der fünfziger Jahre der Wettstreit der Systeme ausgerufen worden war. Seine heiligen Schriften und Lehrsätze, die ganze schreckenverbreitende Orthodoxie, zerfiel im Laufe weniger Jahre in eine Hinterlassenschaft von entleertem, totem Vokabular, dem nur die millionenfachen Opfer, die den Richtungskämpfen und den »Säuberungen« gebracht worden waren, Gewicht gaben. Die Zusammenbrüche der gerade zurückliegenden Zeit schließen den Prozeß, der damals begann, auch äußerlich ab. Selbst wenn die verheerenden Spuren noch überall sichtbar sind, ist der Sozialismus dabei, Geschichte zu werden, ein noch kaum übersehbarer Stoff für Historiker. Nach blutigen Ausflügen in die Realität kehrt er jetzt, einem treffenden Wort zufolge, wieder in die British Library zurück.

Zugleich melden sich mit verstärktem Nachdruck die Fragen, die weit über diese nun entschwindende Erfahrung hinausweisen. Woher die utopischen Systeme ihre immer neue Anziehungskraft beziehen? Wie sie so großen Zulauf gewinnen und gegen allen Augenschein behaupten können? Wie es ihnen gelingen kann, die Schritt für Schritt tiefer aufreißenden Abgründe zwischen Anspruch und Wirklichkeit zu verdekken? Ob sie vorwiegend an den Umständen, dem Mißbrauch und den korrumpierenden Wirkungen der Macht scheitern, oder ob das Scheitern nicht viel eher die unvermeidbare, im Wesen aller idealen Ordnungskonzepte begründete Konsequenz ist?

Schließlich zählt zu den Fragen, die nach so vielen vergeblich gebliebenen Anläufen zurückbleiben, auch, ob der Mensch ohne Utopien leben könne? Ob er es künftig vielleicht müsse und woher er dann seine Hoffnungen und seine Tröstungen, aber auch die Ausflüchte für die Fehlschläge nehmen soll, in die seine Unternehmungen so oft ausgehen?

1. Stück. Auftritt der Utopien

»Es ist was Gemeines,
daß Menschen fallen
und Paradiese verloren werden.«
F. von Schiller

ALS VORSTELLUNG VOM ANDEREN, BESSEREN
Dasein hat der utopische Gedanke die Phantasie
des Menschen über die Bedingungen des Zusam-
menlebens und damit über sich selbst seit je be-
schäftigt. Sein frühester Ausdruck ist Platons
»Politeia«, die schon die Motive fast aller späteren Gesellschaftskonstruktionen vorwegnimmt.
Die »Utopia« von Thomas Morus hat dann der
ganzen literarischen Gattung den Namen vermacht, und ihren ersten Höhepunkt erlebte sie
zwischen dem Beginn des 16. und der Mitte des
17. Jahrhunderts. Bewegt vom Gefühl einer tie-
fen Krise, die vor allem durch die Entstehung des
modernen Machtstaates und die Ausbreitung ka-
pitalistischer Wirtschaftsprinzipien verursacht
war, begann man, nach Antworten auf die Fragen zu suchen, die der Umbruch aufwarf. Cam-
panellas »Sonnenstaat«, Andreaes »Christiano-

polis«, Bacons »Neu-Atlantis« und viele andere, weniger bekannte Werke haben die Überlegung zum Hintergrund, wie eine Gesellschaft geordnet sein müsse, die von den Mißständen und sozialen Konflikten ringsum verschont wäre. Fast durchweg als Reisebericht verfaßt, erzählten sie von einem idealen Ort jenseits des Horizonts, wo die Menschen in Eintracht und Gerechtigkeit zusammenleben.

Diese sogenannten Raum-Utopien entstammten der Epoche der Entdeckungsfahrten, als man noch denken konnte, jenseits der Meere, auf irgendwelchen unbekannten Inseln, vorbildliche Zustände anzutreffen, die einen Widerschein des ersten Schöpfungstages, der Zeit vor aller Angst, Not und Ungerechtigkeit bewahrt hatten. Seit aber die Welt erkundet und selbst in den entfernteren Winkeln vermessen war, verlor der utopische Ort jenen Anknüpfungspunkt in der Wirklichkeit, den auch die Fiktion noch benötigt, um den Abstand zum Gegebenen aufzudecken. Es gab kein »Nirgendwo« mehr. Einige Autoren wie Cyrano de Bergerac oder Francis Goodwin trieben daher die Suche nach neuen Phantasiezonen bis in das Planetensystem vor. Eine Zeitlang lagen die Wunschwelten in den Sternen.

Diese Verlagerung macht den eigentlich irrealen Zug erst offenbar, der den meisten dieser frühen Utopien zugrunde lag. Zwar werden auch darin schon vereinzelt die Menschen als »Urheber ihrer eigenen gesellschaftlichen Einrichtungen« genannt. Aber dies geschieht doch durchweg ohne den demiurgischen Allmächtigkeitsanspruch, der eine Sache erst des späten 18. Jahrhunderts ist und den Menschen an die Stelle des irrenden Schöpfers stellt. Die unaufhebbare Spannung, in der die erdachte zur wirklichen Welt steht und stehen muß, ist von den frühen Utopisten durchweg gesehen worden, manche von ihnen zeigen sogar wie mit dem Finger darauf. So weist am Ende von Bacons »Neu-Atlantis« der Ehrwürdige Vater auf ein »Haus der Blendwerke« hin, in dem »wir allerlei Trugbilder, Vorspiegelungen und Sinnestäuschungen« hervorrufen, und aus einem ähnlichen Motiv nennt Thomas Morus die Hauptstadt seines erdachten Gemeinwesens »Amaurotum«, was soviel wie Nebelstadt heißt. Den Charakter von Erfindung und Gedankenspiel deutet auch der Begriff des »Staatsromans« an, der einige Zeit später für diese Werke gebräuchlich wurde. Utopia war der Maßstab, nicht die Praxis oder die Menschenwelt, wie sie durch einige Eingriffe herstellbar wäre.

Dem frommen, von allen Ketzereien unberührten Fabelton der frühen Utopien hat erst die Zeit der vorrevolutionären Aufklärung ein Ende gemacht. Eröffnet wurde sie durch einen ganz unscheinbar wirkenden Wechsel der utopischen Dimension.

Im Jahre 1770 veröffentlichte Louis-Sébastien Mercier, ein Bewunderer Rousseaus und persönlicher Freund von Restif de la Bretonne, der seinerseits zu den Utopisten der Aufklärung gehörte, ein Werk unter dem Titel »Das Jahr 2440«, das erstmals den utopischen Raum durch die utopische Zeit ersetzte. Bezeichnend dafür war schon das von Leibniz entlehnte Motto des Buches, dessen Echo seither durch die gesamte utopische Literatur bis in unsere Tage hallt: »Die Gegenwart geht schwanger mit der Zukunft.« Das ganz und gar Umstürzende dieser Blickverlagerung war die Vorstellung, daß die Geschichte ein Ziel habe und die Utopie gerade nicht mehr eine regulative, auf den Unterschied von Sein und Sollen zielende moralische Fabel sei, sondern die Beschreibung einer idealen Ordnung, zu der die Welt am Ende des historischen Prozesses gelangen werde.

Ganz neu war allerdings auch der Begriff der Zeit dem utopischen Denken nicht. Aber er hatte sich überwiegend der Vergangenheit zugewendet und aus dem Dämmer der Geschichte die großen, mythischen Zustandsbilder ursprünglicher Ordnungen bezogen. Dahinter stand die Idee des Verlorenen Paradieses, in dem nicht nur Eintracht zwischen dem Urmenschenpaar, sondern auch zwischen Mensch und Natur sowie zwischen Mensch und Gott geherrscht hatte. Erst mit dem Sündenfall war, diesem Bild zufolge, die Zwietracht in die Welt gekommen, und die Vertreibung war die Ursache aller Entbehrung und damit des Lebenskampfes, der Macht und folglich des Unrechts und der Gier, kurzum des Bösen überhaupt.

Ganz ähnlich hat die antike Vorstellung des »Goldenen Zeitalters« einen im Anfang gewesenen Idealzustand beschworen, mit der Herrschaft des Kronos und des Friedens unter Göttern und Menschen. Schon für Hesiod war die Welt in ein »Eisernes Zeitalter« der Kämpfe und der Streitigkeiten eingetreten, Vergil hat das Verlorene in das poetische Arkadien verlegt, ein geschichtsloses Land des einfachen Lebens und des anspruchslosen Glücks, und in den »Metamorphosen« des Ovid, bei der Schilderung des Weltanfangs, findet der Mythos jene Formulierungen, die das utopische Denken als Sehnsucht bis an den Beginn der Neuzeit beeinflußt haben: »Und es entstand die erste, die goldene Zeit: ohne Rächer,/Ohne Gesetz. Von selber bewahrte man Treue .../Kein Text von drohenden Worten/ Stand an den Wänden auf Tafeln von Erz.«

Aber während die antike Vorstellung der Aurea Aetas ein aus dunklerem Vorwissen gespeistes Wunschbild war, mehr Traum als Erreichbarkeit, taucht bei einigen altjüdischen Propheten der Gedanke der wirklichen Wiederkehr des Verlorenen auf. Inmitten der Untergangswirren weissagten sie die Ankunft des

Messias, der sein Volk erretten, die Feinde richten und ein Reich des Friedens begründen werde.

Bei aller religiösen Überhöhung war der alttestamentarische Wiederherstellungsgedanke durchaus diesseitig, eine Befreiungsidee aus tatsächlicher, gegenwärtig erlittener, aber schon morgen beendeter Not. Diese Erlösungsbotschaft ist weit entfernt vom Märchenton der europäischen Utopie, sie zielt, trotz aller Heilsverheißung, ins Wirkliche, man kann auch sagen, ins Politische. Aus den Buchstaben des Alten Testaments lasen die Wortführer der religiösen Aufstandsbewegungen des späten Mittelalters, wie die Wiedertäufer von Münster, diese Gewißheit wieder heraus und setzten auf die Errichtung des Gottesreiches schon auf Erden, auch wenn sie dabei auf manche Hilfe von oben rechneten, auf Heerscharen von Engeln, blutige Kometen oder Gott selber und wie er herabkommen werde von seinem Wolkenthron.

Doch hat dieser Erwartungsglaube nie mehr als einen begrenzten, stets vom Geruch des Eigenbrötlerischen umgebenen Anhang gefunden. Für alle größeren Wirkungen stand er zu nahe und oft auch mitten in der Häresie. Denn dem Christentum ist, trotz aller ideellen und spirituellen Verknüpfung mit der jüdischen Überlieferung, die Vorstellung einer im Diesseits erlösten Welt zutiefst fremd. Der Sündenfall hat die

Menschen für alle geschichtliche Zeit in einen Zustand des Unfriedens verstoßen, und so lange er besteht, wird auch das Paradies verloren sein. Nichts anderes bedeutet der Gedanke der Erbsünde. Erst am Ende aller Tage, wenn die Toten auferstehen und Gericht gehalten wird, kehrt das Verwirkte in der absoluten Zukunft jenseitiger Erfüllung zurück.

Das ist auch der Grund dafür, warum es keine christliche, auf die Welt bezogene Utopie gibt. Der »Sonnenstaat« des kalabrischen Mönches Campanella beispielsweise ist ein zwar theologisch begründeter, auf die Erhöhung und Glorie Gottes gerichteter, zugleich aber tief widerchristlicher Staatsentwurf. Seine Bewohner sind ohne jeden persönlichen Rechtsanspruch, sie leben in einer Ordnung, deren kollektive Strukturen bis hin zur Frauengemeinschaft und obrigkeitlich verordneten Geschlechterpaarung reichen mit dem Ziel der Menschenzüchtung.

Im Grunde knüpfte das utopische Denken, das mit Mercier in Gang kam und eine befreite, harmonisch in sich selbst ruhende Welt zum Ziel der Geschichte erhob, viel eher an altjüdische, messianische Traditionen an: der Idealstaat war seither eine Zukunftsgewißheit und nicht mehr ein Maßstab. Der gleichzeitig einsetzende Säkularisierungsprozeß hat dann im Fortgang der Dinge dazu beigetragen, die christliche Jenseitshoffnung mehr und mehr zur weltlichen Utopie zu

verwandeln, und bis heute haben sich merkwür-
dige Mischformen erhalten wie das Befreiungs-
christentum, dessen ungeduldige Wortführer
auch auf die Erlösung im Diesseits bauen.
Christlich daran ist, neben Berufungen, Begriffen und Ritualen, allenfalls der humanitäre Impuls, wiewohl gerade die Aufladung von Alltags-
zielen mit Heilserwartungen der Auseinander-
setzung eine Radikalität verschafft, die weder
mit dem Christlichen noch mit dem eigentlich
Politischen zu tun hat, und im ganzen ist die sogenannte Befreiungstheologie nichts anderes als
revolutionäre Sozialideologie in theologischer
Verkleidung.

Doch nicht nur der Wechsel vom Raum zur
Zeit verlieh den Utopien der späten Aufklärung
den neuartigen, ungemein brisanten Charakter.
Schon bei Fénelon, Restif de la Bretonne und anderen stößt man auf eine weitere, kennzeichnen-
de Verschiebung. Hatte bis dahin der Reisende
als Außenstehender das ferne Gemeinwesen
entdeckt und dessen Ordnung, angefangen von
den politischen Institutionen über die Ökonomie
bis hin zum Gerichtswesen oder zur Erziehung
bloß beschrieben, so wird von nun an aus dem
Berichterstatter zugleich der Begründer oder
doch Erfinder der idealen Staatskonstruktionen.
Das literarische Mittel dafür ist die Traumerzäh-
lung, und im Traum sieht sich Mercier auch in
das Paris des Jahres 2440 versetzt. Was so lange

als Fiktion ausgegeben wurde, nahm damit die Farbe eines Plädoyers an: So könnte es sein, und so wird es sogar sein, wenn die Menschen der Vernunft folgten sowie dem geschichtlichen Willen, der nur die Erfüllung der Moral ist.

Das macht auch Merciers Buch selber deutlich. Denn seinem Inhalt nach bietet es nicht viel mehr als die eher schlichte Übertragung aufklärerischer Postulate in eine durch manche treffsichere Eingebung ausgemalte Zukunftswelt, wenn auch schon mit all den dialektischen Heucheleien, die bald darauf und dann für immer die totalitäre Praxis kennzeichnen werden. So wird die Zensur nicht aufgehoben, weil sie endlich moralischen Zwecken dient, das öffentliche Schuldbekenntnis als feierliche Selbstunterwerfung unter die beleidigte Vernunft eingeführt und die Hinrichtung von Verbrechern als gemeinsames Sühnefest mit dem Autausch gegenseitiger Respektsbezeugungen begangen. Solche und viele weitere Passagen des Buches nehmen schon jenen Terror der Tugend vorweg, der keine zwanzig Jahre später das mörderische Verwirrspiel von Macht und Moral inszenieren sollte.

Aber wichtiger und folgenreicher war doch Merciers radikale Subjektivierung des utopischen Gedankens, und darauf war offenbar auch zurückzuführen, daß dem Werk ein gewaltiger Widerhall zuteil wurde. Innerhalb weniger Jahre erlebte es zahlreiche Auflagen. Denn ein Gesellschaftsentwurf, der vor die glanzvoll verschönerte Kulisse der Gegenwart die in die Luft gebauten Visionen des Autors stellte, traf aufs genaueste die Zeitstimmung. Er rückte unvermeidlicherweise nicht nur den Autor selber, sondern den Menschen schlechthin als Schöpfer und Konstrukteur der idealen Ordnung in den Mittelpunkt.

Das ist der neue, große Ausgangsgedanke, dessen Widerhall die gesamte politisch-philosophische Literatur des späten 18. und weithin auch des 19. Jahrhunderts erfüllt: daß die Welt vom Menschen selber zu planen und einzurichten sei, von seiner Erkenntnis ihrer Gesetzmäßigkeiten, seinem Sinn für das Wahre und Gerechte. »Weil man nicht weiß, was einen im Jenseits erwartet«, äußerte Madame de la Verrue, »bereitet man sich das Paradies bereits auf Erden.« Der Aufstieg der Naturwissenschaften, das aus den immer rascher aufeinanderfolgenden Entdeckungen und technischen Erfindungen gewonnene Selbstbewußtsein, haben diese Überzeugung noch bestärkt. Vielen schien es der Anbruch eines neuen Schöpfungstages, der verklärt war von der beseligenden Erwartung, daß der Mensch imstande sei, die Fehler und Mißgriffe des biblischen Schöpfers zu korrigieren.

Dieser Glaube beherrschte nicht nur die Aufklärer, sondern auch die gesellschaftlichen Eliten des Ancien Regime. Es schien, als hätten beide Seiten in ihrer Abschiedsstimmung das Vermögen eingebüßt, zwischen Traum und Wirklichkeit zu unterscheiden. Während die einen sich als die kühlen Gesetzgeber des vor dem Horizont aufsteigenden Zeitalters der Vernunft betrachteten, erbauten die anderen sich ihre bukolischen Kunstwelten, die alle Arkadien hießen, legten, wie Marie-Antoinette im Park von Rambouillet, Laiterien an oder brachen auf bunten Schiffen, während die Schatten schon einfielen, zur Liebesinsel Cythère auf.

Verloren schien jedenfalls die lange unangefochtene Ahnung eines unheilbaren Bruchs am Anfang aller Zeit. Ein grenzenloses Vertrauen in die Vernunft trieb die Dinge nun voran, und die radikale Skepsis, die alles Bestehende in Frage stellte, verschonte nur dieses Vertrauen selber. Die Utopie drängte zur Wirklichkeit. Ungezählte Besserungs- und Rettungsvorschläge für die unvollkommene oder in die Irre gelaufene Welt versprachen das Glück, die Eintracht, Gerechtigkeit und ewigen Frieden. Sie gaben auch vor, die Mittel dafür zu kennen. Erstmals übersprangen sie, in voller Bewußtheit, die Grenze zwischen Idee und Realität. Die Utopie, so lange ein Märchen oder eine normsetzende Legende und jedenfalls ein Literatenvergnügen, gab sich seither als politisches Handlungsmodell. Sie gewann programmatische Bedeutung. Damit zugleich verlor sie ihre Unschuld.

Die Französische Revolution war der erste, pathetische Versuch, utopische Vorstellungen in die Praxis zu übertragen. Wie immer die nach wie vor umstrittene Antwort auf die Frage ausfällt, wieviel sie von jener Freiheit, Gleichheit und Brüderlichkeit vorangebracht habe, die sie beschwor, war sie doch auch eine Schockerfahrung, die den Zweifel bestärken mußte, ob die erdachten Ordnungen je der Wirklichkeit standhalten könnten und der Mensch tatsächlich jener Demiurg war, der die Herrschaft der Verhältnisse durch die Herrschaft über die Verhältnisse ersetzte. Verschiedentlich taucht denn auch, unmittelbar im Gefolge der Schreckensjahre, die Frage auf, ob die Welt nicht auf verzweifelte Weise immer die Welt bleibe, die man zum Besseren nur lenken, nicht aber, wie die Wortführer der Revolution gemeint hatten, gleichsam neu erschaffen konnte.

Doch die Zuversicht blieb stärker. Sie ist durch die Erfahrung des revolutionären Terrors zwar eingedunkelt, nicht aber aufgehalten worden. Das gesamte 19. Jahrhundert ist wie behext von der Vorstellung, den Traum doch noch wahrzumachen. Schon in der Ahnung des Kommenden hatte Immanuel Kant von der »süßen Verlockung« gesprochen, »sich Staatsverfassungen auszudenken, die den Forderungen der Vernunft entsprechen«.

Wie keine andere Epoche hat das Jahrhundert

dieser Verlockung nachgegeben, es genügt, die Namen von William Godwin, Charles Fourier, des Grafen von Saint-Simon und Pierre-Joseph Proudhons zu nennen, auch Robert Owen, Bronterre O'Brien oder Wilhelm Weitling sowie schließlich Karl Marx. Die rasch voranschreitende Industrialisierung, insbesondere die in aller Vergangenheit beispiellose Not der von diesem Prozeß entwurzelten und proletarisierten Massen, gab dieser Neigung noch verstärkte Schubkraft, und der Glaube an den Fortschritt der Menschheit stattete sie mit unverrückbaren Gewißheiten aus. Mitunter meint man, geradezu mit Händen greifen zu können, wie die Rezepturen, die wie im Fieber der kranken Welt verschrieben wurden, sich materialisierten und zu politischen Parolen formten. In ihrem Zeichen sammelten sich ungezählte, oft aus sektiererischen Anfängen hervorgehende Gruppen, die erst allmählich zusammenwuchsen und zu machtvollen Bewegungen aufstiegen. Seit den dreißiger Jahren nannten sich die Utopisten aus dem Umkreis des radikalen Sozialismus Kommunisten.

Es sind, überblickt man bis dahin die utopische Literatur im Ganzen, nur vergleichsweise wenige Grundgedanken, die sie unablässig variiert. Zu den verblüffenden Befunden des durch die Jahrhunderte geführten Gesprächs über die beste Gesellschaftsordnung gehört, daß es nur ein paar immer wiederkehrende Motive kennt und eine einfallslose, durch Nachahmung und Kopie auffällige Bemühung bleibt. Während in der frühen utopischen Literatur die phantastischen Begleitumstände den Beschreibungen noch einige unterscheidende Farben gaben, sei es, daß die erfundenen Staatsgebilde auf schwimmenden Inseln durch die Weltmeere trieben, fliegende Menschen auftraten oder das Idealreich geologisch dem Busen einer Frau nachgebildet war, wurden jetzt die Entwürfe noch einförmiger. Oft drängt sich der Eindruck auf, als seien selbst die erfindungsreichsten Köpfe in der Erkenntnis von Unglück und Irrweg der Welt wie gelähmt.

Bei allen Unterschieden im Einzelnen läuft das utopische Denken des 19. Jahrhunderts auf wenige übereinstimmende Forderungen hinaus, im Grunde sogar auf nur eine einzige: die Abschaffung des privaten Eigentums. Denn alle weiteren Postulate, wie die nach gerechtem Besitz, nach Aufteilung der Gesellschaft in kleine, überschaubare Einheiten, in Kooperativen oder Selbsthilfegruppen und anderes mehr, waren davon hergeleitet.

Schon bei einem der frühen Utopisten, dem Engländer Gerrard Winstanley, lag die »Wurzel allen Übels« im Privateigentum. Dessen Beseitigung werde nicht nur die Unterschiede zwischen den Menschen aufheben, die Trennung in

Herren und Knechte beenden, das Verbrechen aus der Welt schaffen, sondern auch die Armut, die Gefängnisse, den Jammer überhaupt. Es bleibt seltsam zu beobachten, wie scharfsinnige Geister, im Rausch scheinbarer Folgerichtigkeit, aus der einen Grundannahme ganze Ketten emphatischer Fehlschlüsse herleiten, bis am Ende nicht nur die Menschen tugendhaft und die Verhältnisse gerecht, sondern auch die Wiesen immer grün und die Himmel ewig blau sind: selbst die Natur will in der neuen Ordnung nicht zurückstehen. Kein störendes Element jedenfalls beeinträchtigt die versöhnte Welt, in der alle Leidenschaften ruhen, alle Wünsche gestillt sind und, wie noch Herbert Marcuse, der Philosoph der Achtundsechziger-Bewegung meinte, die großen Fische nicht mehr die kleinen fressen werden.

Wenn sich der utopische Gedanke des 19. Jahrhunderts als Antwort auf die historische Herausforderung der industriellen Revolution verstand, ging er in diesem Punkt weit über die aufgeworfene Frage hinaus: daß er nicht nur die Verhältnisse ändern, sondern zugleich einen veränderten Menschen wollte oder einfach voraussetzte. Im Privateigentum glaubte man gleichsam den archimedischen Punkt gefunden zu haben, es war, wie Bronterre O'Brien formulierte, »die große, entnatürlichende, die große entmoralisierende, die allgemein zerstörende

Kraft«. Alle Übel kamen von daher, aber die Rettung auch. Als jedoch einige Anhänger Fouriers, Victor Considérant und später Etienne Cabet, zusammen mit einer Anzahl ergebener Jünger in das gelobte Land aller Utopisten, nach Amerika, aufbrachen und dort, getreu der strengen Lehre, sozialistische Mustersiedlungen errichteten, kam es schon nach kurzer Zeit zum Debakel. Ähnlich erging es anderen Gruppen. Die neuen Verhältnisse brachten nicht den Neuen Menschen hervor, er blieb, in der Prophetensprache der Utopisten, der alte Adam. Doch solche Erfahrungen verhallten wirkungslos und hielten den Glauben nicht auf, daß der Mensch neu gemacht und zu einem störungsfrei funktionierenden Lebewesen entwickelt werden könne, ameisenhaft geschäftig, von aller Zweideutigkeit befreit und nur dem Gemeinwohl dienend.

Es ist vor allem dieses Bild vom Menschen, das den utopischen Szenarien, bis in die Gegenwart, zwar eine einzigartige Dynamik, zugleich aber auch den wirklichkeitsfremden, nicht selten absurden Charakter verschafft hat. Im Grunde ist die Vorstellung des leidenschaftslos agierenden, durch Züchtung und Erziehung abgerichteten Neuen Menschen nur ein anderer Ausdruck des Allmächtigkeitswahns der Epoche. Aber schon am Beginn des Jahrhunderts, das diesen Traum so unermüdlich träumte, steht eine Warnung. Sie findet sich in Mary Shelleys Erzählung

»Dr. Frankenstein«, die später, dank der alp-
traumhaften Mißgestalt eines Schauspielers, zu
so großem Filmruhm kam. Inspiriert von dem
Aufklärerglauben, daß der Vernunft schlechthin
alles möglich sei, erschafft der ehrgeizige Konstrukteur das menschenähnliche Monster, nicht
ohne am Ende voller Entsetzen zu entdecken,
was es mit seinem Werk auf sich hat: »Der schöne
Traum entschwand, und atemloser Schrecken
und Abscheu erfüllten meine Seele.«

Die anthropologische Blindheit gilt auch für
den Marxismus, und womöglich liegt darin sogar sein stärkstes Verbindungsstück zu den utopischen Strömungen des 19. Jahrhunderts, auch
wenn Marx, im Unterschied zu allen anderen sozialistischen Umdenkern, den edlen Maschinen-
menschen nicht voraussetzte, sondern aus der
revolutionären Praxis hervorgehen sah. In der
Losung der russischen Revolution »Der Mensch
wird umgebaut!« fand diese Erwartung parolen-
haft Ausdruck. Noch Trotzki glaubte, daß der
Mensch im Kommunismus größer, stärker, wissender und empfindsamer sein werde, sein Kör-
per schöner, seine Stimme musikalischer und
der Durchschnittstypus bis zur Höhe eines Ari-
stoteles oder Goethe reichen werde, über denen
wiederum neue Gipfelmenschen zu bislang un-
geahnter Höhe aufragen würden.

Im übrigen aber hat sich Marx wiederholt
schroff gegen den Utopismus gewandt und die

Literatur der Vorläufer wie der Zeitgenossen als unzureichend oder bloße Phantasterei abgetan. Die von ihnen vorgelegten Modelle einer idealen Ordnung betrachtete er nur als Reflexe auf das Bestehende, die selbst im Widerspruch noch die Verhältnisse spiegelten, die sie verneinten und insbesondere die welthistorische Rolle des Industrieproletariats verkannten. Im Gegensatz dazu begriff er seine Lehre als angewandte Geschichtswissenschaft auf der Grundlage gesellschaftlicher Erkenntnisse. Die neue Welt entstand nicht nach den Wünschen und Visionen der Menschen, sondern war das zwangsläufige Ergebnis der gesellschaftlichen Widersprüche im Kapitalismus: die Geschichte folgte unbeirrbar einem strengen Gesetz, das die Menschen nur vollstreckten, sie war die letzte Berufungsinstanz und das Orakel, das dem Fragenden seine Geheimnisse offenbarte. Die tiefsten Gewißheiten kamen von da her, und mit Lassalle mochte auch Marx sagen: »Und seht, ich kann kein Wort sprechen, ohne daß die Geschichte mir sofort Ja zuschreit.«

Dennoch und unvermeidlicherweise sind in sein Werk, das bei aller Originalität doch auch die Zusammenfassung und radikale Zuspitzung einer Vielzahl sozialistischer Theorien der Zeit ist, zahlreiche Elemente des utopischen Denkens eingegangen. Und auch, was davon aufgegriffen und von den revolutionären Zirkeln nach draußen an die Massen weitergegeben wurde, war gerade nicht der dialektische Materialismus oder die ökonomische Theorie, sondern der Verheißungsgedanke, der in allen diesen abstrakten und schwierigen Texten irrlichterte und sich in eine jedermann begreifliche, einprägsame Botschaft umformen ließ. Darüber hinaus war der Marxismus in seiner politisch wirksam gewordenen Gestalt schon deshalb keine Wissenschaft, weil er eine aus der Analyse des Augenblicks gewonnene Erkenntnis dogmatisierte, während es gerade das Wesen der Wissenschaft ausmacht, offen für neue Fragen und neue Antworten zu sein. Und Utopie war er schon deshalb, weil er die Verwirklichung eines geschlossenen gesellschaftlichen Systems vorsah, mit dem die Geschichte selber an ihr Ende kommen und die Weltenuhr für immer angehalten würde.

Der Phantasiemangel, der die utopische Literatur des 19. Jahrhunderts in der Ursachenerfassung kennzeichnet, tritt auch in den Beschreibungen der besseren neuen Welt hervor. Nicht nur Marx und Engels haben sich über das mit so vielen Erwartungsschauern herbeigesehnte Reich des vollendeten Sozialismus weitgehend ausgeschwiegen, und die zwei kurzen Passagen in der »Deutschen Ideologie« und der »Kritik des Gothaer Programms« gehen über wenige vage Metaphern für die Fülle und den Überfluß, die dann herrschen werden, nicht hinaus. Auch die übrigen Autoren bieten nicht viel mehr als ein paar unterschiedlich blaß kolorierte Idyllen von einer Welt der Harmonie, des Wohlstands und der gezähmten Begierden. Wo ausnahmsweise doch ein etwas breiteres Panorama entworfen wird, offenbart sich zugleich die Öde aller konstruierten Glücksreiche. Es bleiben durchweg Schreibtischparadiese, engherzig, steril und gemacht aus tausend pedantischen Säuernissen. Zu den Gewißheiten, die der Leser dieser Werke gewinnt, zählt am Ende auch, daß die bestehende Welt, trotz Unglück, Not und Widerwärtigkeit, die niemand übersieht, noch immer die beste aller Welten ist.

Die Öde der Bücher wurde später, in den verwirklichten neuen Ordnungen, die Öde der Welt. Doch war dies das geringste Übel, das von den Utopien kam.

2. Stück. Der Sturz der Idee

*»Wenn ich sicher wüßte, daß jemand
in mein Haus käme mit der festen
Absicht, mir Gutes zu tun, würde
ich um mein Leben laufen.«*

Jacques Thoreau

JE MÄCHTIGER UND ORGANISIERTER DAS LAGER
der Utopie auftrat, desto entschiedener verschaffte sich ein Chor pessimistischer Stimmen
Gehör, der die hohen Töne der Verheißung
dämpfte und das optimistische Fortschrittssche-
ma beharrlich verneinte. Die Schlüsselerfah-
rung, aus der fast alle Einwände kamen, war die
Französische Revolution. Hatte deren Verlauf
nicht die Kardinalannahme aller utopischen Ge-
sellschaftsplaner widerlegt, daß der Mensch der
Herr über die Verhältnisse sei oder es doch werden könne? Und hatte sie dem schärfer Beobach-
tenden nicht die Lehre vermacht, daß revolutionäre Prozesse kaum steuerbar waren und ihrer
eigenen Konsequenz mit einer Ungerührtheit
folgten, in der die Ohnmacht aller rationalen
Projektemacherei offenbar wurde? Tatsächlich

war, was sich in Frankreich ereignet hatte, blind und mit der Gewalt einer Naturkraft über alle hinweggegangen. »Die Lava der Revolution fließt majestätisch und schont nichts«, hatte Georg Forster aus Paris geschrieben.

Es waren Burke und Gentz, Tocqueville und Jacob Burckhardt, die den Zweifel laut machten, daß die Menschheit, mit oder ohne Gewalt, auf einen höheren moralischen und sozialen Zustand zu bringen oder gar ein »Ziel der Geschichte« auszumachen sei. Auf flacherer Ebene folgte ihnen eine anschwellende zivilisationskritische Literatur, deren Besorgnisse, weiter vergröbert, in Traktaten und populären Heften Verbreitung fanden.

Getragen und verstärkt wurde, was in diesen Publikationen zum Ausdruck kam, durch die vor allem im Bürgertum verbreitete, das ganze 19. Jahrhundert begleitende Große Angst. Ihr hauptsächlicher Bezugspunkt war die politische Revolution, deren Vorboten in noch ungeordneten Haufen durch die Straßen zogen, aber zusehends nachdrücklicher ihr Recht forderten, die »souveräne Kanaille«, wie Schopenhauer höhnte. Erweitert und ins Prinzipielle gewendet wurde die Angst durch die Industrialisierung, das Aufkommen der Massen, die riesige Binnenwanderung, den Bruch der Tradition, kurz, das Ende einer vertrauten, in Herkommen und Gewohnheit begründeten Lebensform. Der beschauliche Charakter, den das Jahrhundert für den flüchtigen Blick trotz der revolutionären Vorgänge von 1830, 1848 und der Kommune von 1871 zeigt, der bruchlos gleitende Übergang vom Biedermeier zum Viktorianismus und Zweiten Empire, kann doch die nervöse Blässe nicht verbergen, die es besaß und daß seine im ganzen stabilen Züge, nach Heinrich von Sybels Bemerkung, eher aus einem »Fanatismus der Ruhe« kamen.

Das dumpfe, unterirdische Grollen, das die Epoche begleitete und ihr Ende ankündigte, hat, vor allem für weite Kreise des bürgerlichen und kleinbürgerlichen Milieus, aus der Zukunft eine Kategorie der Angst gemacht und jedenfalls die Lager gespalten. Den träumenden Apokalyptikern standen die Verteidiger des Bestehenden oder sogar Gewesenen gegenüber, und mit fortschreitender Zeit wurde der Bruch immer offenkundiger: während die Erwartungen der einen sich auf das bevorstehende oder schon im Kommen gedachte Reich der Freiheit und der Versöhnung richteten, ging die Sehnsucht der anderen zurück ins Verlorene. Damals kam der Begriff der »guten alten Zeit« auf, die nie gewesen und doch für jeden anschaulich war, und die Wendung legte nahe, nicht nur jene Zeit als gut zu denken, die alt und vergangen, sondern alle Zeit, die nicht Gegenwart oder Zukunft war.

Gleichzeitig damit begann auch die Bedeutung

des Wortes Utopie umzuschlagen oder doch einen Doppelsinn zu gewinnen. Sie war nun nicht mehr, oder nur für die einen noch, der begehrte Prospekt am Zukunftshorizont. Der Wandel läßt sich am deutlichsten an einem literarischen Genre ablesen, an der fälschlich so genannten »Gegenutopie«, die aber doch Utopie im Sinne von etwas Erwartetem blieb, nur daß sie die ängstigenden Erscheinungen der Gegenwart zusammenfaßte und zum Bild einer schreckeneinflößenden Zukunft verdichtete. Das war neu. Literarische Projektionen hatte es schon früher gegeben, aber sie waren doch meist satirisch gemeinte Bloßstellungen des Bestehenden oder zu Gewärtigenden in moralischer Absicht. Zur neuen Gattung gehörte, daß sie der Zeit weniger einen Spiegel vorhalten, als den unvermeidlichen Gang der Dinge beschreiben wollte.

Eichendorffs Phantasiestück »Auch ich war in Arkadien«, 1834 entstanden, bezeichnet womöglich die Grenze, an der die gesellschaftliche Satire alten Stils in den Zukunftshorror übergeht. Aus den herrschenden Tendenzen entwickelt es eine Beschreibung der heraufziehenden Epoche der Volksherrschaft, der vulgarisierten Freiheiten sowie der angeblichen Bürgertugenden und nimmt bezeichnenderweise im Gasthof »Zum Goldnen Zeitgeist« seinen Ausgang. Knapp vierzig Jahre später, 1872, erscheint Samuel Butlers »Erewohn«, dessen Titel ein Anagramm des

Wortes Nowhere-Utopia ist. Das Werk, das noch einmal an den Typus der Entdeckungsreise anknüpft, bezieht seine prophetische Kraft aus dem Einfall, Erewohn als ein Land zu beschreiben, in dem die Grundsätze der bürgerlichen Gesellschaft konsequent ins Gegenteil verkehrt sind: Verbrecher werden wie Kranke umsorgt, die wirklich Kranken dagegen ausgestoßen oder umgebracht. Ungeborene werden nach Gutdünken abgetrieben, Kirchen wie Banken geführt, Maschinen als Unterjochungswerk stillgelegt, und das Erziehungswesen beispielsweise gipfelt in der Einrichtung von »Hochschulen der Unvernunft«. Nur wenige Jahre später veröffentlichte Herbert George Wells mit der »Zeitmaschine« die erste, konsequent durchgeführte Darstellung einer Zukunft, die nur eine Verlängerung schon bestehender Möglichkeiten und noch erschrekkender ist als Vergangenheit und Gegenwart. Auch mildert nun keine satirische Verzerrung mehr das Grauen. Samjatins »Wir« (1920), E.M. Forsters »The Machine Stops« (1928), Aldous Huxleys »Brave New World« (1932) bis hin zu George Orwells »1984« (1949), sind dann, neben ungezählten anderen, die bekanntesten Werke aus der Gattung der schwarzen Utopien.

Daneben gab es, wenn auch an Zahl und Bedeutung abnehmend, noch immer die sozialistischen Verheißungsszenarien wie Bogdanows Werk »Der rote Planet« (1908), das wieder an das

Vorbild der Raum-Utopie anknüpft und den idealen Staat auf den Mars verlegt. Wie wenig sich aber selbst dieser führende Kopf des revolutionären Sozialismus dem pessimistischen Empfinden der Epoche entziehen konnte, zeigt sich in seinem Unvermögen, das Bild des Kommenden ohne düstere Farben zu zeichnen: angefangen von der bis ins Groteske getriebenen Versachlichung der sozialen Beziehungen, über den feindseligen Dauerkrieg gegen die Natur, bis hin zur Massenausrottung des niederen im Namen des höherwertigen Lebens, lauert hinter allen idyllischen Kulissen, immer spürbar, der totalitäre Schrecken.

Die Erscheinungsdaten der zuletzt genannten literarischen Utopien sollten nicht darüber täuschen, daß die Scheidung in Utopisten und Gegenutopisten sich schon mit dem ausgehenden 19. Jahrhundert vertiefte. Was sie ausmacht, ging in die Lebensstimmung der einen wie der anderen über, prägte ihre Einstellungen in Hoffnung oder Angst, Anspruch oder Verzicht, und im Ganzen kann man sicherlich von einem großen kulturellen Schisma sprechen. Der Erste Weltkrieg mitsamt den Wirren, die ihm folgten, hat diesen Prozeß nicht nur beschleunigt, sondern auch ungemein politisiert. Zu den unmittelbaren Folgen der Russischen Revolution zählte, daß nun gleichsam auch das Lager der Gegenutopie mobilmachte. Die bürgerkriegsähnlichen Auseinandersetzungen der Zwischenkriegsepoche, von denen die meisten europäischen Länder zumindest zeitweilig heimgesucht wurden, lassen sich unschwer auch als Konflikte zwischen den einen begreifen, die emphatisch nach vorn dachten, und den anderen, die zurückwollten, zwischen einer messianischen und einer ans Vertraute sich klammernden Richtung, zwischen Utopisten und, wie man bald sagen mochte, Atavisten.

Die gewisse Vergröberung, die in dieser Unterscheidung steckt, betrifft weniger die Kommunisten oder, weiter und genauer gefaßt, die Gruppierungen der radikalen Linken. Zwar gab es unter ihnen viele Gegensätze und oftmals erbittert ausgetragene Richtungsstreitigkeiten. Sie änderten aber nichts an der zuletzt sie alle doch verbindenden Zukunftsgläubigkeit sowie an dem Willen, die Verhältnisse auf diese Zukunft hin revolutionär zu verändern.

Weit komplexer und verworrener indessen ist das Bild der Gegenseite. Der Begriff »Faschismus« hilft kaum weiter, weil gerade dessen ursprüngliche und den Umriß vorzeichnende Spielart, die in Italien entstand, von gegenutopischen Ängsten und Stimmungen nahezu frei war und zudem modernistische Ambitionen entfaltete, die von der Literatur und der bildenden Kunst bis ins Soziale reichten. Unter den Posen, die der italienische Faschismus kultivierte, stand die

avantgardistische lange Zeit obenan, und jedenfalls hat ihm die Vergangenheit nie als Instru-
ment zur Verunglimpfung oder Abweisung der
Zukunft gedient. Vielmehr bezog er aus dem
Einst gerade sein Selbstbewußtsein, und hinter
dem Pathos der römischen Größe, die Mussolini
von den Hügeln der Stadt her beschwor, lag nur
ein imperialer, kein auf die Rettung oder gar Erlösung der Welt gerichteter Ehrgeiz.

Im Gegensatz dazu war der Nationalsozialismus erfüllt von gegenutopischem Radikalismus,
und seinem Macht- und Eroberungshunger lag
im Kern nichts weniger als die Absicht zugrunde, die gesamte Welttendenz umzukehren. Sein
Beispiel verdeutlicht geradezu, wie sehr jede Gegenutopie immer auch Utopie ist, denn er erfüll-
te alle äußeren und inneren Merkmale des Be-
griffs. Nicht nur griff die wenn auch lediglich zu
Beginn verbreitete Terminologie vom »Dritten
Reich« oder »Tausendjährigen Reich« auf ein al-
tes Heilsvokabular zurück. Vielmehr verdankte
die Bewegung Anstoß und Sammlung auch einer
umfassenden Orientierungskrise mit dem mas-
senhaft hervorbrechenden Verlangen nach Ver-
änderung von der Wurzel her. Und in der Ferne,
abgehoben von der deprimierenden Wirklichkeit, tauchte das wie undeutlich auch immer ent-
worfene, in verklärende Nebel gehüllte Gegenbild der gereinigten Welt auf, die Vorstellung
vom Neuen Menschen sowie ein trotz aller Lük-

ken und Ungereimtheiten weithin geschlossenes System zur Verwirklichung der idealen Ordnung.

Seither ist die Frage nicht zur Ruhe gekommen, warum der utopische Protest gegen die Zukunft, dem der Nationalsozialismus als Auffangbecken, Katalysator und politische Organisation diente, gerade in Deutschland diesen Fanatismus und diesen Massenanhang gewinnen konnte. Einige der hervortretenden Motive mag man sich noch einmal in Erinnerung rufen.

Am handgreiflichsten ist zweifellos, daß unter den besiegten, von Absturzängsten erfaßten Staaten Deutschland derjenige war, der dem revolutionären Rußland nicht nur geographisch nahe lag, sondern auch in den Konzepten der Weltrevolution eine strategisch herausragende Bedeutung besaß. Schon in den unruhigen Nachkriegsmonaten hatten Ausläufer der russischen Vorgänge das Land gestreift, in Berlin war man sowjetischen Agenten auf die Spur gekommen, in München eine Räterepublik ausgerufen worden, in Sachsen, Thüringen und anderswo hatten von Sowjetrußland her inspirierte und undurchsichtig gelenkte Aufruhraktionen tiefsitzende und lange vorhaltende Schrecken verbreitet.

Im Einzelnen betrachtet, waren das durchweg Ereignisse von wenig mehr als lokalem oder allenfalls regionalem Zuschnitt, und man kann nicht sagen, daß sie das Land politisch ernsthaft bedrohten. Das übertriebene, von Panik und Entsetzen geprägte Aussehen, das sie gleichwohl im öffentlichen Bewußtsein annahmen, wird nur verständlich, wenn man bedenkt, daß diese Vorkommnisse jene Große Angst belebten und verstärkten, die seit mehreren Generationen unterschwellig gewirkt und die unruhigen Träume des Bürgertums heimgesucht hatten.

In diesen Angstträumen war die Revolution nur der greifbarste Ausdruck eines umfassenderen Angriffs, der weit über den bloß politischen Umsturz hinausging und die Lebensform insgesamt bedrohte: das alte Europa mit seinem Glanz, seiner Größe und dem Zauber der »douceur de vivre«, mit seinen Monarchien und mündelsicheren Papieren, den hergebrachten Begehrlichkeiten und Machtbalancen. Es war das Gefühl eines Epochenendes, das jetzt überhand gewann, und die Bilder einer fremden, anonym und funktional heraufziehenden Zeit, die am Zukunftshorizont auftauchten, machten den Abschied nicht leichter. Der Pessimismus, der so lange die Sache einer wenn auch beträchtlichen Minderheit gewesen war, wurde unversehens zur Grundstimmung der ganzen Zeit. Während die einen in ihren Liedern noch die neue Zeit besangen, die mit ihnen ziehe, sahen zusehends breitere Schichten sich, wie ein bekannter Buchtitel lautete, im Schatten von morgen wieder.

Seine Dunkelheit überlagerte alles. Sie fiel auf die materiellen Bedingungen des Daseins, seit der Krieg die Entwicklung zu immer ausgedehnteren großwirtschaftlichen Organisationsformen vorangetrieben hatte, in der für die vielen kleinen Existenzen in aller strukturellen Unterlegenheit kein Platz war. Ein anderer Angst- und Empörungspunkt war die wachsende Verstädterung, die voranschreitende »Verwandlung des Planeten in eine einzige Fabrik zur Ausnutzung seiner Stoffe und Energien«. In den Affekten, die sich dagegen wandten, kehrte nicht nur die Tradition des zivilisationspessimistischen Widerstandes gegen die Industrialisierung zurück, sondern auch das uralte Ressentiment des Landes gegen die Stadt als den Ort von Sünde, Luxus und Vermischung.

Am tiefsten wurde der Bruch mit den vertrauten Normen daher auch im Moralischen empfunden, in den wüsten Bildern einer »Asphaltzivilisation« mit sexueller Libertinage, »Niggertänzen«, »Bubikopf« und vielem anderen, was für das breite Bewußtsein eine Anstößigkeit besaß, die im Rückblick nur noch mit einiger historischer Bemühung nachzuempfinden ist. Auch die bildende Kunst, die grelle Bilderflut von Fauves, Kubismus, Blauem Reiter und Dada, wurde als Kampfansage begriffen und als die Vorhut eines von allen Seiten hereinbrechenden Angriffs auf das Hergebrachte; die populäre Vokabel vom

»Kulturbolschewismus« hält das Bewußtsein eines inneren Zusammenhangs zwischen den so verschieden wirkenden Umsturzprozessen im Politischen und im Kulturellen fest.

Die labile Verfassung, die der Epochenbruch in Deutschland stärker als anderswo offenbar machte, hatte natürlich auch mit den Komplexen eines wider eigenes Erwarten besiegten und gedemütigten Volkes zu tun. Womöglich bedeutsamer war aber, daß der Modernisierungsprozeß, wie er sich vor allem in Westeuropa schon geraume Zeit vor dem Krieg vollzogen hatte, im Reich später, schneller und radikaler als irgendwo sonst erfolgt war. Es kann daher kaum wundernehmen, daß er hier auch exzessivere Gegenreaktionen wachgerufen hatte als in den vergleichbaren Industriestaaten.

Anders als ein verbreitetes Klischee es will, konnte Deutschland daher schon am Vorabend des Krieges als das wohl modernste Land Europas gelten, wenn auch in einer merkwürdigen Verbindung aus technisch-ökonomischer Leistung und politisch-psychologischer Rückständigkeit. Feudale und fortschrittliche, autoritäre und frühe sozialstaatliche Züge vereinigten sich hier zu einem höchst widersprüchlichen Gesamtbild. Die anachronistischen Farben, die im Blick auf das Kaiserliche Deutschland vorherrschen, kamen vor allem aus ideologischen Zonen. Über diesem geschäftigen, scheinbar so zukunftsbewußten Lande, seinen wachsenden Großstädten und Industrierevieren, wölbte sich ein eigentümlich romantischer Himmel, dessen Tiefe von mythischen Gestalten, von altertümlichen Riesen und Göttervolk behaust war.

Es war eine Flucht vor der neuen, poesielosen Wirklichkeit der Welt, und zugleich war es ein zäher, auf vielen Ebenen geleisteter Widerstand gegen alles, was diesen Prozeß beförderte. Zu den Erscheinungen, in denen sich das eine wie das andere formierte, gehörten der Wandervogel, die studentischen Traditionsbünde sowie eine breite zivilisationskritische Literatur zwischen Paul de Lagarde und Julius Langbehn, die sich nicht ohne Stolz zu ihrem Zukunftshaß bekannte und die großen Verdammungsformeln über alles sprach, was das Land aus seinem Biedermeier stieß: die Weltwirtschaft, den Börsenhandel und den Impfzwang, die positive Wissenschaft und die Flugversuche, aber auch die Demokratie, das allgemeine Wahlrecht und die gern als »Hirngespinst« verspottete Freiheit. Keiner von denen jedoch, die die tausend Irrwege des Weltenlaufs beklagten, hat annähernd die Wirkung Richard Wagners erreicht, der nicht nur der geniale Umsetzer und Ausstreuer dieser pessimistischen Stimmungen war, sondern ihnen auch mit Bayreuth eine Art zentraler Agentur verschaffte. Die Vermittlungen liefen weit ins Bürgertum, bis hin zu Nietzsche, Thomas Mann

47

und Oswald Spengler. Aber dann auch zu Hitler und zum Nationalsozialismus.

Beides zusammen, die Angst vor der Revolution und die zivilisationspessimistische Empfänglichkeit, ergab erst, eigentümlich verklammert und vom Nachkriegschaos anschaulich gemacht, ein Gemisch von außerordentlicher Dynamik. Es verband sich mit den Abwehrkomplexen einer bis auf den Grund erschütterten Gesellschaft, die ihr nationales Selbstbewußtsein, ihre Kaiserherrlichkeit sowie das ganze gewohnte System von Oben und Unten eingebüßt hatte und nun blind und erbittert wiederhaben wollte, was ihr ungerechtfertigterweise verlorengegangen schien. Radikalisiert wurden diese Empfindungen noch durch die materiellen Einbußen, die vor allem das Kleinbürgertum und den Mittelstand trafen. Anders als die Arbeiterschaft hatten diese beiden Gruppen nie ein Bewußtsein gesellschaftlicher Zusammengehörigkeit entwickelt oder gar eine Art utopischer Zukunftsgläubigkeit, die in den Katastrophen der bestehenden Ordnung eine Gewähr für die eigenen Erwartungen findet.

Es war von Anfang an ein ziemlich aussichtsloses Unterfangen, dem sich die Politiker von Weimar verschrieben. Weder der von den Siegermächten hochmütig herumgestoßene, von wirtschaftlichen und sozialen Krisen erschütterte und angefochtene Staat noch die öffentlichen

Institutionen in ihrer Schwäche und demokratischen Reserve boten gegen den kollektiven Unmut, der sich von allen Seiten über ihnen zusammenbraute, eine Sicherung. Man hat das Staatswesen jener kaum vierzehn Jahre eine Republik ohne Republikaner genannt. In der Tat lebte der eine Teil der Nation in der Zukunft, der andere in der Vergangenheit. Dazwischen verlor sich der zusammenschmelzende Haufen derer, die sich, wie es das funktionierende Gemeinwesen voraussetzt, zur Gegenwart bekannten. Hinzu kam, daß nun nicht mehr nur die Linke, sondern auch deren Gegner militant und in formierten Verbänden auftraten. Das gewaltige Gebräu aus Panik, Aufruhr oder teilweise zurück, teilweise nach vorn gerichteter Energien, war nun nicht mehr, wie in der Zeit zuvor, auf Beschwörungen und erzürnte Prophetenworte beschränkt. Der Krieg hatte die Lager bewaffnet gemacht.

Zur früh hervortretenden Stärke Hitlers gehörte es, daß er sowohl Ausdruck als auch Organisator der Abwehrgefühle gegen das Bestehende war. Er rief sich zum Anwalt der wirr und widersprüchlich hervorschießenden Sehnsüchte aus, sammelte sie und lieferte ihnen die Losungen einer neuen, wenn auch ins Alte gewendeten Zuversicht. Auf diese Weise gewannen die verängstigten und ratlosen Massen nicht nur Selbstbewußtsein. Vielmehr meinten sie plötzlich auch zu wissen, was es mit ihrem dunklen Drange auf sich hatte: eine kulturelle Revolution ins Werk zu setzen mit dem Ziel, die historische Entwicklung in die Gegenrichtung zu treiben und an den Ausgangspunkt, in jene besseren, von Natur und Mythos bestimmten Zeiten vor Beginn des großen Irrwegs zurückzukehren. In einem Brief aus dem Jahre 1941 schrieb Hitler an Mussolini, die vergangenen fünfzehnhundert Jahre seien nichts anderes als eine Unterbrechung, die Geschichte stehe im Begriff, »auf die Wege von einst zurückzukehren«. Konrad Heiden hat diese defensive Grundhaltung des Nationalsozialismus, die in so auffälligem Gegensatz zu seiner triumphalen Gestik steht, »Prahlereien auf der Flucht« genannt, sie seien nichts anderes als »Angst vor dem Aufstieg, vor neuen Winden und unbekannten Sternen, ein Protest des ruhebedürftigen Fleisches gegen den rastlosen Geist«.

Die aggressive Utopie, die der Nationalsozialismus aus vielen willkürlichen, verschwommenen oder sentimental getrübten Rückblicken ins Gestrige entwickelte, war aber nicht bruchlos in die Vergangenheit gerichtet. Zwar gaben seine Wortführer vor, die durch das Christentum, die Aufklärung, den Industrialisierungs- und Emanzipationsprozeß pervertierte Weltordnung wiederherzustellen. Daher die Rückkehr ins Bäuerische und Erdhafte, die Beschwörung von Blut und Boden mitsamt den urtümlichen Riten, die sich daran knüpften, das ganze Marotten-

wesen von Fahnenweihe, Thingspiel und Todes-
mystik, kurzum, die Sehnsucht ins Vorkulturel-
le, mit der die Sache aus aller Zeit herausfiel. Ne-
benher aber lief, sich immer wieder damit über-
schneidend, ein zukunftsgerichteter Ehrgeiz,
der sich auf die größten Schiffe, die schnellsten
Flugzeuge oder die Motorisierung der Massen
viel zugute hielt und sich gern auf den technischen Vorsprung der eigenen Nation vor allen
anderen berief.

Diese moderne Seite des Nationalsozialismus
hat den Eindruck mitgetragen, die krausen und
archaischen Rituale seien nur machtsichernder
Mummenschanz. Das war so und zugleich auch
wiederum nicht. Es gab, bis hinauf in die hohen
Führungsränge, eine in allem vorgeschichtli-
chen Dämmer beheimatete Inbrunst, zugleich
aber eine voraussetzungslose, alle Tradition ver-
achtende bürokratisch-technische Effizienz im
Planen und im Handeln, die dem Beobachter bis
heute den Atem verschlägt.

Sie schonte, wo es die Verwirklichung der utopischen Ziele gebot, weder das historisch Gewordene noch fremdes Recht oder fremdes Leben und schreckte selbst vor dem millionenfachen Mord nicht zurück. In gewaltigen Abräum-
aktionen schuf das Regime gleichsam leere Flä-
chen, auf denen es dann seine gesegneten bäuer-
lichen Idyllen errichten wollte. Wohin man auch
blickt, stößt man auf jene Mischung aus Mittelal-

ter und Modernität, auf ein Vorhutbewußtsein, das mit dem Rücken zur Zukunft stand und seinen atavistischen Neigungen in den Asphaltregionen eines totalitären Zwangsstaates nachging.

Der »Große Germanenzug nach Osten«, zu dem Hitler im Juni 1941 aufbrach, bringt dieses Paradox, das zum Wesen des Nationalsozialismus gehört, schlagend zum Ausdruck. Zwar machte er sich das ganze Arsenal moderner technischer Instrumentarien, Waffen und Kriegführungsmethoden zu eigen, doch zielte er damit auf eine Ordnung der aberwitzigsten Art: die gewaltigste Militärmacht der Geschichte, Panzerarmeen und Luftflotten brachen gleichsam los im Zeichen von Strohdach und Erbhofbauerntum, von Volkstanz, Sonnwendfeiern und Mutterkreuz. In den eroberten Räumen sollten Zuchtpunktsysteme die Erschaffung von Herrennaturen sichern, die »Kimbrische Strickkunst« wiederbelebt und die ernährungsphysiologischen Wirkungen von Haferbrei oder Kog-Sagys-Wurzeln erforscht werden. Und hinzu kam Hitlers feierlichster und trivialster Gedanke: das in den Klingsorgärten dieser Welt vergeudete arische Blut wieder zu sammeln und die kostbare Schale zu hüten, um unverwundbar für alle Zeit zu werden.

In der Tat war es seine eigentliche Absicht, dem »guten Blut« die imperiale Basis zu schaf-

fen: ein von Deutschland beherrschtes Groß-
reich, das den überwiegenden Teil Europas sowie weite Gebiete Asiens umfassen und in hundert Jahren »der geschlossenste und kollossalste
Machtblock« sein sollte, den es je gegeben habe.
Der Katalog der Maßnahmen zur Verwirklichung dieser Utopie ist selten im breiten, auf alle
verfügbaren Quellen gestützten Zusammenhang beschrieben worden. Zu den nachhaltig-
sten Eindrücken in der Vergegenwärtigung dieses Programms zählt, neben der Kaltblütigkeit
des Deportierens, Verschiebens und Ausrottens
ganzer Rassen und Völkerschaften, der Wille zur
Zeit- und Geschichtsverneinung. Ein weitge-
fächertes System von Straßen und Verkehrslini-
en, an deren Kreuzungen stützpunktartige Städ-
te lagen, sollte die endlosen Ebenen nach dem
Modell frühgeschichtlicher Herrscherreiche
sichern. Eine Denkschrift Himmlers vom No-
vember 1940 legte bereits Richtlinien vor, die
sich ebenso mit dem Herren- Sklaven-Verhältnis
in den eroberten Gebieten wie mit der Anlage der
Dörfer befaßte und selbst die »Grünausstattung«
der neuen Siedlungen nicht vergaß, die der, wie
es hieß, ererbten Liebe der deutschen Stämme zu
Baum, Strauch und Blume Ausdruck geben sollte. Gleichzeitig war daran gedacht, die »Heran-
führung der Stromzuleitungen in möglichst un-
auffälliger Form zu gewährleisten«, um die Ver-
häßlichung der Welt durch die Industrialisie-

rung zu verbergen und den Garten Eden, zumindest der Idee nach, neu zu pflanzen.

Schon in »Mein Kampf« hatte Hitler den Modernisierungsprozeß die »zweite Vertreibung« aus dem Paradies genannt. Die Riesenebenen im Osten, stellte er sich vor, würden die Menschen aus industrieller Versklavung, aus der rassischen und moralischen Verkommenheit großstädtischer Verhältnisse befreien und zu den verlorenen Ursprüngen der Vorfahren, in einen geringfügig korrigierten Naturzustand, zurückleiten. Nur in ganz entfernten Regionen, weit hinter dem Ural, würden an einer »ewig blutenden Grenze« kleine, kampfstarke Verbände der Ursituation des permanenten Lebenskampfes ausgesetzt sein und die Utopie der zum Stillstand gekommenen Ordnung gegen die unruhige, ohnmächtig anrennende Welt der geschichtlichen und sozialen Prozesse verteidigen. Bedrückt sprach Hitler in seinem Hauptquartier davon, wie weit es bis zur Verwirklichung dieser Vision sei, einhundert oder zweihundert Jahre noch, und daß er »wie Moses das Gelobte Land nur aus der Ferne sehen« werden.

Für dieses Ziel war er zum Bruch der elementarsten Rechts- und Moralvorstellungen bereit, und selbst das eigene Überlebensinteresse zählte davor nichts. Man hat oft darauf hingewiesen, daß noch in der Spätphase des Krieges, als das sogenannte rollende Material längst für den

Nachschub an den weichenden Fronten benötigt wurde, die Züge noch immer nach Auschwitz und Treblinka abgingen. Die Mission duldete keinen Aufschub. Wie alle Utopisten, denen die Macht und die Mittel zur Vollstreckung ihrer Vorsätze gegeben waren, ist auch Hitler vor keiner Folgerung zurückgeschreckt. Ein Foto seines Schreibtischs in der Reichskanzlei zeigt ein Buch mit dem Titel »Die Rettung der Welt«. Nichts anderes sah er als die »Zyklopenaufgabe« an, von der er gelegentlich sprach. Was sich dagegenstellte, war nur die verachtete Realität, die sich stets den großen Ideen und Heilsplänen verweigert hatte.

Hitlers Umgebung hat von den Wutausbrüchen berichtet, die ihn überkamen, wenn das Wort »unmöglich« fiel, wenn auf die Unterlegenheit der eigenen Kräfte hingewiesen wurde, auf den Sinn und das Recht des Gewordenen oder die Ansprüche so vieler Einzelner auf Leben und Glück. Für ihn zählten nur die radikalen Alternativen des »Alles oder Nichts«, wie eine seiner Vorzugsformeln lautete, daran klammerte er sich bis zum letzten Tag. Das häufig anzutreffende Erstaunen, daß er ganz am Ende, nach der Einsicht in sein Scheitern, noch vom Bunker der Reichskanzlei aus, die Katastrophe eher zu befördern als zurückzudämmen versuchte, täuscht sich über die Besessenheit derer, die einen utopischen Erlösungsgedanken verfolgen. Wenn es das »Alles« nicht sein konnte, sollte es das »Nichts« sein. Die Welt würde, nach dem Scheitern dieses letzten Rettungsvorhabens, ohnehin darauf zusteuern.

Mit der Niederlage von 1945 und dem Zerbrechen aller Träume von Weltmacht, Blutreinheit und Heiligem Gral kam eine lange pessimistische Tradition an ihr Ende. Zwar ist vorgebracht worden, daß Hitler die nachdenklicheren Zeugnisse dieser Tradition überhaupt nicht aufgegriffen, sie vielmehr gerade bestätigt habe. Aber der Einwand trifft nur halb. Nicht, daß Hitler sich sein Ideenfundament aus zweiter und dritter Hand beschaffte, sondern daß er den Mythologemen von Niedergang, rassischer Überwältigung und Weltkrankheit eine Utopie entgegensetzte, die nach Verwirklichung verlangte, hat jenes Grauen möglich gemacht, das der Welt noch immer in den Gliedern steckt. Sein Scheitern hat das ganze Spektrum jenes Denkens miterfaßt, das den Gang der Welt mit nicht selten schwermütiger Sorge betrachtet und sich ihm kritisch entgegengestellt hatte. Alle vom Vergangenen herkommenden Positionen, so legitim sie lange waren, sind durch ihn in Verruf geraten.

Was Hitler und die politisch-moralische Katastrophe, die er angerichtet hat, aber nicht bewirkten, war, den Gedanken der System-Utopie selber zu kompromittieren. Das mutet um so verblüffender an, als die Verbrechensspur, die er zog, Aufschluß darüber geben konnte, wie unvermittelt die radikalen Heilsentwürfe in Entrechtung und Willkür laufen. Zwar ist es richtig, daß die Hitlersche Utopie dem Wesen nach auf einem Wahnsystem errichtet war. Das unterscheidet sie im Ausgangspunkt von den meisten anderen Konzepten zur Rettung oder Erneuerung der Welt, in denen ein humanitärer Impuls zumindest den Anfang machte. Aber fremd in der utopischen Tradition stand sein Vorhaben deshalb doch nicht, selbst die Idee der Massenausrottung, der Menschenzüchtung in sogenannten »Pflanzgärten des edlen Bluts«, alle diese genetischen Phantasmagorien und vieles andere, was wie ein im Persönlichen begründeter Aberwitz anmutet, konnte sich auf alte, teilweise klassische Texte der utopischen Literatur berufen. Von da hatte er sie, durch welche Vermittlung auch immer, her.

Die wirkliche Frage lautet denn auch, ob nicht alle Traumgesichte einer Neuen Ordnung, ob sie sich nun an der Vergangenheit oder an einem »Ziel der Geschichte« orientieren, sofern nur der äußerste eschatologische Ernst dahinter steht, unvermeidlicherweise in den Terror münden, was immer ihr ursprünglicher Antrieb gewesen sein mag.

3. Stück. Anachronistisches Zwischenspiel: Ernst Bloch

> *»Was ein Vorzug ist bei einem Schrift-*
> *steller, ist beim Politiker manchmal ein*
> *Laster, und die gleichen Eigenschaften,*
> *die ein großes Buch hervorbringen,*
> *können in der Wirklichkeit großes*
> *Unglück anrichten.«*
>
> A. de Tocqueville

EINE ZEITLANG SCHIEN DIE ZWANGSLÄUFIGKEIT, mit der die utopischen Welterlösungsideen ins Totalitäre drängen, eine der Lehren zu sein, die das Hitlersche Jahrhundertdesaster hinterlassen hat. Aber die Ernüchterung hielt nicht lange vor.

Nach einer kurzen Phase der Lähmung und kaum daß es im Wirklichen zurechtgekommen war, wandte sich das Denken der Deutschen, zumindest in der Bundesrepublik, wieder dem Imaginären zu, den verführerischen Zukunftsbildern, wenn auch unter verändertem Vorzeichen: ganz als habe nicht der utopische Gedanke als solcher soeben im Ruin geendet, sondern nur dessen rückwärtsgewendete Variante. Im Gegenteil schien die marxistische Verheißung, die seit den sechziger Jahren die Köpfe besetzte, gerade daraus vervielfachte Energie zu schöpfen, daß sie so lange als der historische Widerspruch zu Hitler und den in ihm kulminierenden Abwehrkomplexen aufgetreten war. Bedeutungslos schien mit einem Mal, daß sie im Augenblick der Bewährung aufs kläglichste versagt und sich keineswegs als die große Gegenmacht erwiesen hatte, als die sie so lange umgegangen war. Ebensowenig wog, daß auch sie längst Offenbarungseide geleistet hatte, die alle Versprechungen zunichte machten: ein »harvest of sorrow« mit auch hier wiederum Millionen Toten. Zwar ist es zutreffend, daß sie einer anderen, eben ins Zukünftige gerichteten Erwartung geopfert worden waren. Aber die Herrschaftpraxis der kommunistischen Regime wies mit der des dahingegangenen so viele, bis ins Geringfügige reichende Übereinstimmungen auf, daß man sich immer wieder fragte, wie und warum das alles übersehen werden konnte.

Es mag sein, daß das Bedürfnis nach Planspielen mit der Welt, das Ausdenken und Konstruieren neuer Ordnungen, seit es durch die Aufklärung geweckt worden war, eine Verlockung darstellt, gegen die selbst die historische Erfahrung machtlos ist. Möglich ist aber auch, daß sich dahinter das Verlangen nach Glaubensgewißhei-

ten und all den einfachen Antworten auf kompli-
zierte Fragen verbarg, die sich daraus beziehen
lassen. Schließlich mag, vereinzelt jedenfalls,
auch die Überzeugung eine Rolle gespielt haben,
die Marxismus-Debatte, die 1933 in Deutschland
so abrupt abgebrochen worden war, müsse noch
einmal aufgenommen und zum gründlichen Ende geführt werden. Doch was immer die Motive
waren: befremdend bleibt das Bild einer Nation
doch, die sich nach dem verheerenden Scheitern
der einen System-Utopie ohne langes Besinnen
der anderen zuwandte, zumal sich gerade die
Deutschen, seit es ein Umdenken des Bestehenden gibt, kaum darin hervorgetan und strenggenommen erst im 19. Jahrhundert, mit Wilhelm
Weitling und Karl Marx, die utopische Szene be-
treten hatten.

Doch kann man fragen, ob diese Neigung nicht
gleichwohl und kaum weniger stark als bei anderen Nationen vorhanden war und lediglich
keinen literarisch-philosophischen Ausdruck
gefunden hat. Bezeichnenderweise gibt es aus
dem Deutschland des 15. bis 18. Jahrhunderts so
gut wie keine Utopie als bloßes Gedankenspiel.
Aber als messianische Wiederherstellungsidee
und mit dem ganzen Ernst programmatischen
Eiferertums tritt die utopische Sehnsucht schon
früh hervor, zunächst im Mythos vom Kyffhäu-
ser sowie der schlafenden Kaiser überhaupt. Sie
setzt sich fort in den chiliastischen Befreiungs-

bewegungen des Mittelalters, die ein Evangelium der Mühseligen und Beladenen verkündeten und, geschart um die beschützende Gestalt eines Erlöserkönigs, die Ankunft jenes Reiches herbeiführen wollten, in dem Friede und Bequemlichkeit, Überfluß und machtbehütete Geborgenheit herrschen würden.

Die Wiedertäufer als der stärkste und unruhigste Teil dieser Bewegung bildeten allein in Deutschland rund vierzig Gruppen. Jede war von den übrigen durch eine eigene Prophetenfigur getrennt. Aber alle vertraten die Forderung nach Gemeineigentum und einige auch, darüber hinausgehend, nach freier Liebe, die radikale Ablehnung des Staates und aller weltlichen Institutionen. Verbreitet war daneben das Verlangen oder doch die Vorstellung, das Millenium durch eine universale Katastrophe herbeizuführen, aus der die Welt geläutert und verwandelt hervorgehen würde. Norman Cohn hat darauf hingewiesen, daß jene Bewegungen infolge ihrer Neigung, »sozialen Konflikten und Zielsetzungen transzendente Bedeutung zu verleihen, sie sozusagen mit dem gesamten mysteriösen und erhabenen Gehalt des endgültigen Weltuntergangsdramas auszustatten«, als ein »Prolog« zu den totalitären Utopien der Gegenwart angesehen werden können.

Bezeichnenderweise haben sowohl nationalsozialistische als auch marxistische Ideologen an diese Bewegungen, die über mehrere hundert Jahre das ganze Mittelalter begleiteten, angeknüpft. Durch Alfred Rosenbergs »Mythus des 20. Jahrhunderts« beispielsweise geistern auf vielen Seiten huldigende Verweise auf die religiösen Sozialutopien der Begharden, Beginen und der Brüder des Freien Geistes, desgleichen auf die aufrührerischen Bauern, die »vieles forderten«, wie es einmal heißt, »was das heutige Erneuerungsprogramm auch jetzt wieder fordern muß«. Und auf der Gegenseite hat der von Friedrich Engels begründete Kult um den thüringischen Bauernrevolutionär und »Boten« des Tausendjährigen Reiches, Thomas Münzer, bis in die Gegenwart eine überschwengliche Anschlußliteratur hervorgebracht. Die einen wie die andern fanden sich in der Vorstellung zusammen, daß nach einem weltumspannenden Ringen zwischen den Mächten des Guten und des Bösen, des Lichtes und der Finsternis, der Geschichtsprozeß in der Utopie der totalen Gemeinschaft an sein Ende kommen werde.

Nicht zufällig hat der wortmächtigste Anwalt des neueren utopischen Denkens, Ernst Bloch, der seit den sechziger Jahren zu beispiellosem Einfluß kam, sich mit einem seiner frühen Werke in diese literarische Tradition eingereiht. Die 1921 veröffentlichte Schrift »Thomas Münzer als Theologe der Revolution« bezeichnet darüber hinaus aber auch den Umschlagpunkt seines

Denkens. Hatte Bloch sich bis dahin vor allem durch einen mystischen Romantizismus hervorgetan, der Gnosis und Träume, Aufruhr und Verheißung in oft verworren quellenden Bildern übereinanderhäufte und durch nicht viel mehr als einen hochliterarischen Prophetenton zusammengehalten war, so fand sein Denken jetzt im Marxismus nicht nur Bindung und eine Art Grund, sondern auch einen Zukunftsgedanken.

Der Begriff der Utopie, der im gesamten Werk des Philosophen einen zentralen Rang einnimmt, besaß für ihn nie die geringschätzige Bedeutung, die er für Marx und das marxistische Schriftgelehrtentum gehabt hatte. Ganz im Gegenteil machte Bloch ihn zum Ausgangspunkt allen menschlichen Handelns, Hoffens und Denkens. Seit Anbruch der Zeiten, auf jeder Stufe der Entwicklung, hätten die Einzelnen wie die Völker von einem besseren und glücklicheren Dasein geträumt, von einer Welt ohne Sorge, Entbehrung und Kampf.

Die Zeugnisse dieser Sehnsucht seien überall auffindbar: in den Werken der Philosophie wie in denen der Trivialliteratur, in den Märchen und im Budenzauber der Jahrmärkte, in den revolutionären Aufbrüchen, den Begierden nach Ruhm oder sexuellem Genuß, in der Architektur, im Gebet und in der Kunst, kurzum, am Himmel wie auf Erden. In alledem suche der Mensch die Grenzen der Not zu überschreiten. Seine Glücksphantasien, wohin sie auch zielten, seien nur die versprengten Stücke eines erträumten, im tieferen Wissen eines jeden beheimateten, aber verlorenen Idealbildes, das schon ist und zugleich nicht ist, aber sein wird. Jeder habe die Fähigkeit, es zu entdecken und wiederherzustellen, das Universum verlange danach, es sei im Zustand der »Noch-Nicht-Erscheinung«. Die Aufgabe der Philosophie bestehe in nichts anderem, als das Verborgene, aber dunkel Gewußte, die »objektive Phantasie« der Welt, zu wecken und in Bewegung zu setzen. »Die wirkliche Genesis ist nicht am Anfang, sondern am Ende.«

Das Ziel, auf das dies alles zusteuert, ist aber keineswegs die Mehrung des individuellen Glücks auf Kosten aller übrigen. Vielmehr steigt am Ende eine Welt herauf, die nicht nur besser als die bestehende ist, sondern vollkommen an sich. Wie sie im einzelnen aussehen wird, beschreibt Bloch so wenig wie irgendeiner jener chiliastischen Verkünder, an die er anknüpfte, über vage Exaltationen gehen seine Verheißungen in allem Wortreichtum nicht hinaus: Es werde ein Reich der Freiheit sein und der überwundenen Entfremdung, der endlich erlöste Mensch werde weder einen Staat noch eine andere Form der institutionellen Herrschaft benötigen und die neue, »nichteuklidische Technik« die Versöhnung mit der Natur zurückbringen.

Doch konnte, von Blochs Voraussetzungen

her, die Ausmalung des Reichs der Freiheit auch unterbleiben. Denn es war gleichsam nur die Frucht der Utopie, die Utopie im entwickelten Zustand. Alles, worauf es wirklich ankam, lag früher: nämlich im Entschluß des Menschen zur Utopie, der gleichbedeutend war mit dem Willen, das Universum zu vollenden oder zu vernichten. Im Grunde ist die Utopie erst im zweiten Schritt ein Zustand, zuvor ist sie ein Advent und ein Weg. Da aber alles von der Wahl abhing und das Böse gewaltige Macht besaß, war Bloch, wie die mittelalterlichen Sozialrevolutionäre auch, der Überzeugung, daß die Welt zu ihrer Umgestaltung erst durch eine Katastrophe hindurch müsse, durch ein apokalyptisches Fegefeuer, das die Verworfenen austilgen und den Guten die Erlösung bringen werde.

Die manichäische Teilung der Welt in Gerechte und Ungerechte zählt zu den innersten Intentionen des Blochschen Philosophierens. Es gibt nur Gut und Böse, »das Paradiesische«, wie es gelegentlich heißt, und »das Höllenhafte«, das sich der »konkreten Utopie« in Verblendung oder Egoismus widersetzt. Der Mensch kann wählen, das Eine oder das Andere, »Alles oder Nichts«, wie es heißt, die absolute Vollkommenheit oder die absolute Schuld.

Es geht hier nicht darum, die erratische Philosophie Ernst Blochs im Umriß darzustellen. Wichtiger ist die Frage, ob diese Vorstellungen in

ihrer schneidenden Unbedingtheit den totalitären Sozialreligionen nicht gleichsam habituell
verwandt sind. Das würde heißen, daß die frühe
Wendung Ernst Blochs nicht nur zum Marxismus, sondern auch zum Sowjetkommunismus
weniger mit politischer Kurzsichtigkeit sowie
mit den zu jener Zeit verbreiteten Hoffnungen
und Selbsttäuschungen im intellektuellen Mi-
lieu zu tun hätte. Vielmehr würde sie aus der Ei-
genart seines Denkens und womöglich auch der
Person folgen. Dieser Zusammenhang ist lange
übersehen worden, weil die Einbettung der Gedanken in Literarisches, in ästhetische und reli-
giöse Reflexionen, ebensoviel davon verdeckt
wie die entführende Sprachmagie Ernst Blochs.
In deren expressionistischem Brausen ist viel-
fach untergegangen, was an Gewaltappellen
darin steckt, bis hin zu dem unsäglichen Dictum
vom »kategorischen Imperativ mit dem Revolver
in der Hand«.

Wer sich jedoch von der reich orchestrieren-
den Prosa des Dichterphilosophen die Sinne
nicht verwirren ließ, so daß er ihre barschen und
oftmals buchstäblich gnadenlosen Töne über-
hörte, oder die radikalen Alternativen aus ihrer
parabolischen Unschärfe in die politische Praxis
übersetzte, auf die sie doch zielten, kann über die
Antwort kaum im Zweifel sein.

Man muß dabei nicht einmal auf die inhaltli-
chen Übereinstimmungen sehen. Schon der

Sprachgestus Blochs, sein Rigorismus, das immer Ergriffene, Entrüstete und Gewalttätige darin, hat eine eigene totalitäre Beschaffenheit, und einiges spricht dafür, daß es gerade diese verwandten Züge waren, die ihn zum Kommunismus der Moskauer Art hinzogen. Die Gewißheit der Erwählung und eines besonderen Rettungsauftrags, die auf dem Grund aller totalitären Heilsideologien anzutreffen sind, tritt bei ihm persönlich schon geraume Zeit vor seiner politischen Konversion in Erscheinung. In einem Brief an Georg Lukács aus dem Jahr 1911 bezeichnete er sich als »Paraklet«, der am Thron Gottes für die sündige Welt Fürsprache leistet, »und die Menschen«, hieß es weiter, »denen ich gesandt bin, werden in sich den heimkehrenden Gott erleben und verstehen«. Im gleichen Sinne, nur herrischer und befehlsmäßiger, äußerte er, einem eigenen Bericht zufolge, zu Freunden in Heidelberg: »Wer mich ablehnt, der ist gerichtet vor der Geschichte.«

Es ist der gleiche hochfahrende, auf die Offenbarung eines verborgenen Heils- oder Geschichtsplans gestützte Anspruch, den die pseudotheologisch überbauten Diktaturen des Jahrhunderts auch erhoben haben. Daher überrascht es nicht, daß Ernst Bloch, weit über das Ritual der Lippenbekenntnisse hinaus, wie es diese Regime forderten, immer wieder einem terroristischen Machtvollzug zu klingenden

Rechtfertigungen verholfen hat. Die Zeugnisse dafür sind überall auffindbar. Er sah in der Sowjetunion »zum erstenmal Christus als Kaiser« zur Macht gelangt, feierte Lenin als Caesar und machte über Jahrzehnte jede das Denken wie die eigene Person entehrende Wendung der Moskauer Politik mit. Auch Stalin feierte er, als man es längst besser wissen konnte, in Hymnen, und deutete, gleichsam den kategorischen Revolver in der Hand, die Moskauer Prozesse als Schrittmacher in eine schönere Zukunft. Als er nach dem Krieg eine Professur in Leipzig übernahm, wünschte er sich »etwas mehr Zensur« den »mannigfach noch vorhandenen Schwätzern gegenüber«.

Immer aufs neue verblüffend ist bei alledem der beispiellose Widerhall, den Bloch, vor allem seit seiner Übersiedlung von Leipzig nach Tübingen im Jahr 1961, in der Bundesrepublik gefunden hat. Am begreiflichsten war noch das Einschwenken der Studenten, auch wenn sie damit die kurz zuvor ausgegebene Formel von der »skeptischen Generation« bloßstellten. Viele empfanden wieder, in den behäbigen Niederungen der beginnenden Wohlstandsgesellschaft, ein Bedürfnis nach Aufbruch und Vision, dem das Denken des Philosophen auf stimulierende Weise entgegenkam. Darüber hinaus haben nicht nur das Charisma Ernst Blochs und seine Wortgewalt eine Rolle gespielt, sondern auch,

69

daß er in seinem Verleger einen genialischen Impresario fand, der unermüdlich und mit immer neuen Marktstrategien für eine millionenfache Verbreitung des Werkes sorgte.

Aber was immer diese und sicherlich noch andere Begleitumstände erklären mögen, beantworten sie doch nur zum Teil die Frage nach dem Erfolg Ernst Blochs. Denn es waren keineswegs nur die Studenten, die ihre ungenauen Protestbedürfnisse durch ihn mit Begründungen und aggressiver Zuversicht versorgt fanden. Die Wirkungen gingen weit darüber hinaus. Sie erfaßten viele, die im Grunde, nach intellektueller Herkunft und politischem Begreifen, sowohl gegen jede betreiberische Modewirkung als auch gegen die seltsam narkotisierende Wolkigkeit der Blochschen Sprache hätten gefeit sein sollen.

Man kann den Ursachen kaum auf den Grund kommen, sofern man außer acht läßt, wie tief das Philosophieren Blochs den Spuren altgewohnter deutscher Denktraditionen folgt. Schon seine Dunkelheiten, die einem distanzierteren Betrachter wie Leszek Kolakowski das Gefühl vermittelten, »durch die dichten Dämpfe einer Alchimistenküche zu irren«, haben, mitsamt den zahlreichen Widersprüchen, Tautologien und den häufig hinter alttestamentarischem Donner verborgenen Inhaltslosigkeiten das Bewußtsein erzeugt, daß hier ernste und letzte Dinge verhandelt würden. Zugleich hat ihre Unbedingtheit, diese ganze Terminologie des Totum, Ultimum und Optimum, die eifernde Beschwörung des höchsten Guts oder des Eschaton, Empfindungen der Vertrautheit geweckt, vor denen alle kritische Reserve zusammenschmolz.

Der deutsche Hang zu geschichtsphilosophischen Konzepten, die ja nie nur absichtslose Denkspiele sind, sondern, tendenziell zumindest, immer einem Endzustand entgegendrängen, hat der Resonanz Ernst Blochs noch vorgearbeitet. Ein Denken ohne poetische Emphase jedenfalls, das, ungeachtet allen analytischen Scharfsinns, nicht zum Weltgedicht sich weitet, sondern nur aufs Pragmatische, menschlich Vernünftige zielt, fällt leicht ins Leere. Blochs Vorliebe für die großen Abstrakta, an denen sich seine Wortphantasie berauschte, und all die gewaltig daherrollenden Offenbarungsformeln, immer gesprochen von irgendeinem Berge Sinai herab und gerichtet an die Herden der Stigmatisierten, konnten an solche vertrauten Muster anknüpfen oder sie noch überbieten. Treffend sprach Theodor W. Adorno von der großen »Blochmusik«.

Eine andere Verwandtschaft zum Überlieferten wird in der Radikalität dieses Philosophierens erkennbar, in jenem Hang zur äußersten Zuspitzung, der, wie gebannt von der eigenen Kühnheit, unentwegt die Grenze überschreitet, an der sich selbst der humane Gedanke noch in sein Zerrbild verwandelt. Weit weniger ausgebildet und vom Makel des Pragmatischen gezeichnet war in Deutschland demgegenüber die andere Tradition, die von der Einsicht ausging, daß alles Nachdenken über die öffentlichen Dinge mit Skepsis, Maß und Balance zu tun hat. Der Lust an der Pression ins Extreme, am ewig gebieterischen Entweder-Oder, der Himmel hier, die Hölle dort, vermag keine Wirklichkeit standzuhalten.

Das ist der Grund dafür, daß Bloch, gleich anfangs der dreißiger Jahre, in der ersten politischen Entscheidungssituation, vor die er sich gestellt sah, an die Alternative »Hitler oder Stalin« geriet. Jedes abwägende Urteilen konnte erkennen, wie widersinnig der Gegensatz war und daß er nichts anderes als die Wahl zwischen Beelzebub und dem Teufel verlangte. Alles, was dazwischen stand und sich bis zur letzten halbwegs freien Wahl, noch nach dem Machtantritt Hitlers, der buchstäblich mörderischen Alternative verweigerte, darunter die Millionen derer, die der Sache des demokratischen Verfassungsstaats anhingen, kam in diesem Denken überhaupt nicht vor. Die bürgerliche Demokratie, versicherte Bloch vielmehr, »trägt moralische Schminke, heuchelt Menschenrechte, als könne die kapitalistische Hure noch einmal Jungfrau werden«. Oder an anderer Stelle: die Freiheit sei, in bürgerlich-demokratischen Verhältnissen, »Chloroform«.

Das Echo solcher und zahlloser vergleichbarer Formeln hallte lange nach. Und Blochs Wille zur Realitätsverachtung, der auf die eigene ideologische Verblendung wie auf das reinere Prinzip blickte, hat eine ganze akademische Generation mehr oder weniger der Politik entfremdet, sie jedenfalls unfähig gemacht, den Interessen- und Ausgleichscharakter des politischen Handelns zu begreifen. Die Folgen wirken bis heute nach. Auf der gleichen Linie lagen Blochs Ausfälle gegen den »Tatsachenfetischismus«, der sich an isolierte Erscheinungen hefte, und gegen den »platten Empirismus«, der jene Phantasie zugrunde richte, durch die der Mensch erst zur Erfassung des »Ganzen« gelange. Bezeichnenderweise findet sich in seinem gesamten Werk kein Wort zur Politik, sofern man darin ein System der geordneten Freiheit sieht, und verblüffenderweise auch keines zur Ökonomie: vom Marxismus erfaßte und entwickelte er nur das heilsgeschichtliche Motiv, und Marx selber deutete er gerade nicht als Wissenschaftler, sondern als Prophetenfigur.

Mit der Fixierung Ernst Blochs auf eine abgeschlossene Welt der Ideen und seinem Glauben an die Katastrophe als Durchgangsstation zum Heil hat wohl auch der kaum verhohlene Jubel zu tun, mit dem er Aufruhr und Chaos begrüßte, wo immer sie losbrachen. Was wie Menschenkälte wirkte, war eher intellektueller Autismus.

Bis ins hohe Alter hinein jedenfalls schien er betört von einer Welt im Umsturz: »Über Mangel an revolutionärer Unruhe brauchen wir keine falschen Sorgen zu haben«, versicherte er noch 1980. »In Frankreich, in Italien gibt es ohnehin genug kämpfende Proleten, in Amerika kocht es genug, in der Dritten Welt kocht es genug, in China hat es genug gekocht, kocht es noch und wird weiterkochen.«

Was das für die Betroffenen mit sich brachte, nicht für die meist geringe Zahl derer, gegen die sich die revolutionären Erhebungen richten mochten, sondern für die Millionen Unschuldiger, die unvermeidlicherweise in dieses »Kochen« hineingerissen wurden, bedeutete vom fernen Leipzig oder Tübingen aus soviel wie nichts. Bloch sprach statt dessen, die Wirklichkeit wie stets hinter Metaphern verhüllend, vom »Dynamit als Himmelsschlüsselblume«. Desgleichen blieb für ihn unerheblich, daß vielen der im revolutionären Chaos untergehenden Länder damit die Möglichkeit zur schrittweisen Ausbildung freierer Verhältnisse abgeschnitten wurde. Das war nur die Realität. Hoch darüber erhob sich das Reich des Absoluten, das Eschaton.

Nimmt man alles zusammen, drängt sich noch eine andere Überlegung auf. Falls die politische Theorie zutreffend ist, wonach der eigentliche, die Epoche bestimmende Gegensatz im Antagonismus von liberalen und totalitären oder auch offenen und geschlossenen Systemen besteht, muß der totalitäre Gestus im Denken Ernst Blochs weit mehr umfassen als sein Schritt an die Seite Sowjetrußlands zu erkennen gibt. In der Tat stößt man bei der Lektüre seines Werkes immer wieder auf irritierende Anklänge, vor denen zuletzt die Einwände verstummen. Die Neigung, den Gedanken unerschrocken auf die äußerste Spitze zu treiben, der Hohn auf die Realität, auch der visionäre Zug seines Denkens mit der Verheißung des Tausendjährigen Reiches am Ende und schließlich die Vorliebe für bestimmte Formeln wie die vom »Alles oder Nichts« – so viele, unschwer zu erweiternde Parallelen legen nahe, daß Ernst Bloch, weit eher als Thomas Mann, Anlaß gehabt hätte, eine selbstkritische Betrachtung unter dem Titel »Bruder Hitler« zu schreiben. Auf den unübersehbaren, offenkundigen Abstand muß man nicht eigens hinweisen. Er bestand im anderen Falle auch.

Doch hat Bloch dafür nicht die Einsicht aufgebracht, sondern mit großer Starrheit am einmal Gedachten und Geschriebenen festgehalten. Man mag dafür sogar Verständnis haben, weil ein mit so vielen Entschiedenheiten operierendes Lebenswerk sich schwerlich in Frage stellen läßt. Aber auch ein Zweifel wurde nicht laut und nicht einmal ein Wort des Bedauerns für die Opfer, weder für die, die er herabgewürdigt, noch

für die anderen, die er in seinem apokalyptischen Schwärmerwesen einfach übersehen hatte. Statt dessen äußerte er, ganz in Übereinstim-
mung mit sehr anderen, trostlosen Vorbildern,
eher mürrisch, man habe »von den Schrecklich-
keiten nicht viel gewußt, und ... was man wußte,
wurde nicht geglaubt«.

Doch ist dergleichen nur von biographischem
Interesse, und anderes fällt womöglich stärker
ins Gewicht. Zu den Folgen der Hitlerjahre zählte, zumindest in der Bundesrepublik, eine Ab-
wendung von der Geschichte, die keineswegs
auf die ältere Generation beschränkt blieb. Diese
mochte ihre eigenen Gründe haben, die Erinnerung an jene Zeit zu verdrängen, die sich
überdies wie ein Block vor alle fernere Vergangenheit legte und das Interesse daran erlahmen
ließ. Die Jüngeren dagegen gelangten aus einem
moralischen Abscheu, der vom Generationsge-
gensatz noch verschärft wurde, alsbald zu einem
Generalverdikt über die gesamte eigene Geschichte. Dem unter ihnen verbreiteten Bedürfnis, einen neuen Anfang zu machen, bot sich die
Blochsche Zukunftsemphase mit der Zentral-
idee des »Noch Nicht« als ein Mittel an, die Ab-
wertung des Gewesenen im Namen des Kommenden zu rechtfertigen.

Etwas anderes kam hinzu. Die intellektuelle
Anfälligkeit für die totalitären Ideologien des
Jahrhunderts war gewiß keine deutsche Beson-

derheit. Aber in Deutschland konnte sie doch an gedanklich Altvertrautes anknüpfen, an Sehnsüchte nach dem Ganzen, nach Harmonie statt Konflikt, auch nach Gemeinschaft statt Gesellschaft und wie die Gegensatzpaare noch lauten mochten. Die totalitäre Versuchung hatte hier nicht zuletzt deshalb so viele Proselyten gemacht, weil ihr Programm am Ende doch auf eine Art Bruderschaft zu jenem anderen, philosophisch seit alters geadelten und wahren, halb mystisch begriffenen und auch den Letzten Dingen verschwisterten »Totum« hinauslief, das weniger Schrecken als Verheißungen barg. Nach Hitler schien es, als sei diese Empfänglichkeit auf lange Zeit vorüber. Daß dies nicht so war, ist ohne die Wirkung Ernst Blochs kaum zu verstehen. Durch ihn erst hat das Totale und Totalitäre eine Art zweiter Unschuld zurückgewonnen und ist, unabhängig von seinem Vorzeichen, wie ein verlorener Sohn in das deutsche Denken zurückgekehrt.

Solche Überlegungen machen auch begreiflich, warum die Wirkung Ernst Blochs in so auffälliger Weise auf Deutschland beschränkt geblieben ist. Zwar hat sein Werk, in den siebziger und achtziger Jahren insbesondere, in Osteuropa einigen Widerhall gefunden, doch war das nicht zuletzt darin begründet, daß sein Denken, als »marxistische« Philosophie, die Möglichkeit bot, die starre Orthodoxie der herrschenden

Lehre von innen her aufzubrechen. In den westlichen Ländern dagegen ist es, über die Kreise der fachlich Interessierten hinaus, kaum und jedenfalls nicht von einer breiteren Öffentlichkeit rezipiert worden.

Man begreift ohne Mühe, warum. Denn im ganzen ragt die Figur Ernst Blochs wie ein fremder, monströser Anachronismus in die Gegenwart. Von Westen her, in den Begriffen einer entwickelten politischen Kultur, nimmt er sich eher wie der Prophet eines Mittelalters aus, das bis in unsere Tage reicht. Nicht einmal die deutschen Nebligkeiten, die vor allem in Frankreich, aber auch anderswo, so oft eine vom Schauder durchsetzte Faszination erzeugen, haben der Verbreitung seines Werks in diesen Ländern aufhelfen können.

Denn seinem ganzen aufklärerischen Pathos zum Trotz steht es am Ende auf elementare Weise gegen nahezu alles, was die Aufklärung ausmacht. Einen Zusammenhang stellt zwar der Ausgangsbegriff her: Humanität ist eine der immer wiederkehrenden Vokabeln Ernst Blochs. Aber es ist nicht viel mehr als ein Behauptungswort. In der Konsequenz und übertragen auf die politische Wirklichkeit bleibt kaum ein Rest davon. Zuviel jedenfalls von dem, was die Aufklärung der nachfolgenden Zeit als politisches Erbe vermacht hat: die Idee der Menschenrechte und ihrer verfassungsmäßigen Sicherung, der Gedanke der praktischen Toleranz, wonach man das Recht nicht behindern und keinem Andersdenkenden Zwang antun darf, sowie vieles andere noch vergeht vor dem manichäischen Furor des »Alles oder Nichts« und der Trennung der Menschen in Erwählte und Verdammte. Bezeichnenderweise gibt es im »Prinzip Hoffnung« Seiten der offenen Sympathie mit dem Islam sowie mit der Idee des Heiligen Krieges, und strenggenommen war Ernst Bloch, eher als alles andere, ein Fundamentalist der eigenen Art.

Im Grunde stand er zeitlebens in der Tradition des apokalyptischen Denkens, das gerade nicht aus der rationalistischen Ideenwelt des 18. Jahrhundert herkommt, sondern aus ganz anderen, weiter zurückliegenden Ursprüngen. Zwar hat der endzeitliche Erwartungsglaube sich historisch für einige Zeit mit der Aufklärung verbunden. Aber was beide zusammenbrachte, war nur die gleichgerichtete Inbrunst, mit der sie auf die Zukunft setzten. Alles übrige war Mißverständnis. Denn die einen versprachen sich von ihr das »Glück« der großen Zahl, die anderen das Heil. Die ganz aufs Diesseits gerichtete Idee der Welt als Plan, als Entwurf aus vernunftgeleitetem Kalkül, war mit den immer ins Entrückte ausgleitenden Bildern von Verheißung, Epiphanie und Erlösung dauerhaft nicht zu verbinden.

Inzwischen ist, nach wenigen Jahren, der Einfluß Blochs im Abnehmen begriffen. Das hat mit dem Scheitern des Marxismus zu tun sowie wohl auch mit dem raschen Verschleiß, dem alle Prosa der zu großen Worte zwangsläufig ausgesetzt ist. Eine Rolle spielt darüber hinaus auch der Wechsel der Zukunftsvorstellung. Denn die Welt lebt, ihrem Zeitempfinden nach, keineswegs mehr im überschwenglichen »Noch Nicht« der Blochschen Philosophie, sondern eher im melancholischen »Nicht Mehr« und zunehmend sogar im »Zum Glück Noch Nicht«.

4. Stück. Leben ohne Utopie

»Das großangelegte Tierexperiment
an lebendigen Menschen ist beendet.«
Wolf Biermann

MIT DEM SOZIALISMUS IST, NACH DEM NATIONAL-
sozialismus, der andere machtvolle Utopiever-
such des Jahrhunderts gescheitert. Was damit
endet, ist der mehr als zweihundert Jahre alte
Glaube, daß sich die Welt nach einem ausge-
dachten Bilde von Grund auf ändern lasse. Zer-
sprungen sind all die scharfsinnigen Träume
über die Menschheitszukunft, die aus der Welt
ein riesiges Schlachthaus gemacht haben. Der
Aufruhr der zurückliegenden Jahre war, über
seine vordergründigen Anlässe hinaus, vor allem ein Aufruhr gegen den Terror der Ideen, und
die Befreiung, die endlich kam, eine Befreiung
zur Realität.

Zurückgeblieben ist von den utopischen Anstrengungen in der Tat kaum mehr als eine unendliche Schreckensspur, die sich als traumati-
sche Erfahrung dem Bewußtsein eingegraben
hat. Die Zahlen der Opfer, die das nationalsozia-

listische Vernichtungsprogramm kostete, sind bekannt, für den Herrschaftsbereich des Sozialismus hat die Erforschung erst begonnen. Aber Robert Conquest hat, gestützt auf ein ausgedehntes statistisches Material, nach »vorsichtigen Schätzungen« allein für die Kulakenverfolgung von 1930–1937 nicht weniger als 14.5 Millionen Tote oder 18.8 Prozent der ukrainischen Bevölkerung errechnet. Für das eine wie das andere Regime gilt, was Alexander Jakowlew im Sommer 1990 über die Beschäftigung mit den Jahren der Stalinherrschaft gesagt hat: sie sei eine seelisch zermürbende Arbeit, »bei der man ständig eingehüllt ist in die Asche von Millionen«.

Kann man im Blick auf die Hitlersche Utopie noch sagen, sie sei an dem ihr innewohnenden Wahn gescheitert, an der Obsession, mit der sie die Rückbildung einer modernen Industrienation zu einem halbwegs archaischen Bauern- und Kriegervolk betrieb, an den idées fixes von Rassekämpfen und Blutmysterien, mit denen sie das zivilisierte Bewußtsein der gesamten Welt herausforderte, so liegen die Dinge beim Sozialismus anders. Die Berufung auf ein humanitäres Menschheitsvermächtnis hat ihm nicht nur lange Zeit die Glaubensenergie und Hingabebereitschaft von Millionen Anhängern, sondern auch, weit über seinen engeren Herrschaftsbereich hinaus, Verständnis sowie stille und sogar organisierte Sympathien eingetragen. Gleichwohl ist das Experiment nach siebzig Jahren in sich zusammengebrochen: ein Riesenbau, der keines Stoßes von außen bedurfte, sondern eher an seinen brüchigen Fundamenten zugrunde ging, an dem System der Lebenslügen, den ungezählten Widersprüchen von Schein und Realität, man kann auch sagen, am unauflösbaren Gegensatz von Utopie und Wirklichkeit.

Denn es waren nicht, wie die Apologeten des Versuchs im nachhinein versichern, historische Zufälle, die Ungunst von Personen oder von Verhältnissen, die die schöne Imagination verdarben. Bei unterschiedlichen Ausgangsbedingungen erzwang der Sozialismus, wo immer er zur Macht kam, alle Voraussetzungen, die zu seiner Verwirklichung je verlangt worden waren: die Abschaffung des Privateigentums, die Gleichheit, die Planungsdiktatur, das Erziehungsmonopol und natürlich die von niemandem angefochtene Alleinherrschaft der Partei, nachdem jeder denkbare Feind durch Revolution oder Staatsstreich ausgeschaltet worden war.

Dennoch ist der Sozialismus mit seinem eigentlichen Versprechen nicht nur gescheitert, sondern weit hinter die frei verfaßten Gesellschaften mit teilweise ungünstigeren Bedingungen zurückgefallen. Das Reich der Fülle und des materiellen Überflusses jedenfalls, das erst ein gerechteres Dasein und den wahren Menschen hervorbringen sollte, ist nirgendwo auch nur in greifbare Nähe gerückt. Für die Dauer von drei Generationen hat der Sozialismus die Völker durch die Wüste getrieben. Doch das verheißene Land ist nie gekommen.

Er hat die Wüste sogar selbst geschaffen. Und zwar nicht so sehr aus Zerstörungswut, Ressentiment gegen die Vergangenheit, Unbeweglichkeit oder Inkompetenz, wieviel von alledem die sozialistische Wirklichkeit auch geprägt hat. Sondern dem Gesetz der Utopie folgend, die, ihrem Wesen nach, stets eine totale Gesellschaft verlangt. Das macht es unumgänglich, zuerst die Welt, wie sie in aller farbigen Unordnung besteht, zu demolieren. Doch kaum ist dieser Durchgang beendet, stellen die ewig gleichen Hindernisse sich ein: die Trägheit und Gleichgültigkeit der Menschen, die Mängel der in allen Planspielen so einleuchtenden Funktionsmechanik der Kräfte, natürlich auch Irrtümer, Versäumnisse, Fehlberechnungen, und am Ende bleiben nur Ruinen oder einige stehengebliebene Kulissen des Einstigen, über denen ein verzweifelter Machtwille in zunehmender Echolosigkeit gebietet.

Nichts anderes als dieser immer wiederholte Verlauf der Dinge ist die Ursache für die so auffällige Erscheinung, daß der Sozialismus, unter welchen Bedingungen und in welchen Weltgegenden auch, jene unterschiedslos grauen und zerstörten Verhältnisse geschaffen hat, die sich weder durch Paraden noch durch den Frohsinn organisierter Folklore und auch hinter riesig entrollten Fahnentüchern nicht verbergen ließen.

Schon das macht deutlich, daß es keineswegs die ungünstigen Umstände und auch nicht individuelle Unzulänglichkeiten sind, an denen das Phantasiegespinst der idealen Ordnung zerbricht. Die lange hinreichende Erfahrung lehrt, daß sie vor allem an sich selber zugrunde gehen. Und selbst da, wo sie, über das Niederbrechen und Beseitigen des Gestrigen hinaus, tatsächlich die Absichten von einst verwirklichen, gewinnen sie nichts. Wer sich das Bild des Neuen Menschen vor Augen hält, jenes leidenschaftslosen und ergebenen, in der bloßen Funktion zur Erfüllung gelangenden Wesens, auf das die Utopisten des 19. Jahrhunderts so große Hoffnungen setzten, wird es in den Kommissaren der totalitären Regime wiederentdecken. In dem befohlenen oder manipulierten Jubel auf den Straßen, den Hymnen und Gedichten, hallen, wie verzerrt auch immer, die Glückskommandos der Schreibtischpropheten von ehedem nach, und auch die Brüderlichkeitsphrasen dieser Systeme, ihre Bigotterie und moralische Versäuerung, sind keineswegs Entartungen der schönen Projektionen, sondern deren buchstabengetreue Fortsetzung ins Leben.

Auf der anderen Seite fehlt den utopisch begründeten Ordnungen auch, was die modernen Gesellschaften erst ausmacht: Offenheit angesichts komplexer Fragen und Herausforderungen, und damit die Fähigkeit, sich zu reformieren. Lange Zeit hat es Verwunderung hervorgerufen, daß die sozialistischen Länder unfähig waren, ein Wirtschaftsprogramm zu entwickeln, das den Zwängen einer zusehends enger verflochtenen Weltmarktordnung wenigstens annähernd gerecht wurde. Was dagegenstand, waren nicht nur Planungsglaube, Bürokratie und deren Schwester, die Korruption. Lähmender wirkte vermutlich die generationenlang eingeübte und zum ideologischen Reflex gewordene Überzeugung von der Unwiderlegbarkeit des historischen Gesetzes. Kaum etwas beweist überzeugender, daß die Papierwelt der Utopien der Wirklichkeit nicht gerecht werden kann. Weniger Lenin oder Stalin, die mehr oder minder gläubige Vollstrecker waren, als Marx selber hat den Sozialismus zu jener Todesstarre verurteilt, die ihn aus der Zeit warf.

Wo Zweifel und Widerspruch zur Häresie werden, fallen die Gesellschaften unweigerlich zurück, weil ihre Erneuerungsfähigkeit eben darauf beruht. Zwar hat es im Verlauf der siebzig Jahre sozialistischer Herrschaft immer wieder Einzelne oder Gruppen gegeben, die in der Wirklichkeit rundum nichts von dem Traum wiedererkannten, den sie geträumt hatten. Aber in den unterirdischen Verhörzellen, vor den grellen Scheinwerfern der Kommissare Ivanov und Gletkin, wurden sie zu der Einsicht gebracht, daß die Spukbilder keine Entstellung, sondern die Logik der zwar von Wehen begleiteten, aber triumphierenden Neuen Welt seien. Die Unzulänglichkeiten bewiesen nur, daß man noch auf dem Wege sei.

Das war der tödliche Zirkelschluß, in dem sich die utopische Gewißheit immer wieder verfing. Solange es Unsicherheit oder gar Widerstände gab, war die Revolution nicht am Ziel. Folglich mußte man Gewalt anwenden, die zugleich Absolution erhielt durch das wissenschaftlich erwiesene Gesetz der Geschichte. Erst wenn Unsicherheit und Widerstände endeten, war das Gesetz erfüllt. Der Terror war daher nicht inhuman, sondern für Henker wie für Opfer gleichermaßen die Unterwerfung unter ein höheres Prinzip. Die repetitive Dialektik dieses tausendfach abgewandelten Trugschlusses hat bis in die vierziger und fünfziger Jahre hinein einen merkwürdigen und für manche unwiderstehlichen Sog entfaltet. Mit anderem, derberem Zugriff rechtfertigte Bertolt Brecht, aus eigenem Erleben, die utopische Gewalt: »Versinke in Schmutz«, dichtete er, »Umarme den Schlächter, aber/Ändere die Welt: sie braucht es!«

In solchen und zahllosen anderen Unentrinnbarkeiten sind die Utopien den Tod gestorben.

Was im Blick auf das nationalsozialistische Zukunftsbild so unverkennbar ins Auge fällt, gilt auch für das kommunistische Gegenbild: das eine wie das andere sind tiefes 19. Jahrhundert, erfüllt von Allmachtsphantasie, Geschichtsmystik sowie schwarzem oder leuchtendem Menschheitspathos, und in alledem nichts als ein zwar unterschiedlicher, gewiß auch mit unterschiedlichem Anspruch begründeter, zuletzt aber doch verwandter Aberglaube in wissenschaftlicher Verbrämung. Die nahezu metaphysische Bedeutung, mit der Marx das »historische Gesetz« ausstattete, nahm mit einer unscheinbaren, aber enthüllenden Verschiebung im Denken Hitlers die »Vorsehung« ein, und der eine wie der andere bezogen daraus, samt ihren Exekutoren, jene intellektuelle Ungerührtheit und Kälte, die selbst dem Schrecken noch moralische Rechtfertigungen zuspielt.

Trotz der Tragödien, in denen alle utopischen Anläufe geendet haben, fällt der Abschied davon offenbar nicht leicht. Die politischen Heilsreligionen, die das Jahrhundert aufsteigen und zerbrechen oder doch verderben sah, die bis dicht an die Gegenwart von immer anderen Horizonten heranrückenden Gespensterzüge von Glaubenskündern und Gesetzgebern haben zwar keine ihrer Versprechungen erfüllt, und der Zusammenbruch des Sozialismus ist nur noch der Schlußakt in einer Geschichte immer neu erfahrener Desillusionierungen. Doch die utopische Sehnsucht ist deshalb nicht verstummt.

Nach einer kurzen Phase der Sprachlosigkeit beginnt sie sich wieder zu regen. Aus so gewaltigen Anstrengungen, hat ein Schriftsteller aus der ehemaligen DDR unlängst bemerkt, dem Kampf von vierzig Jahren, bringe man »Trümmer und Träume« zurück. Er räumte zwar das Versagen ein, hielt aber an der Unversehrtheit des Traumes fest, den er weiterträumen wollte, ganz als ob die sozialistische Idee über den Beweisen stehe und die klassische marxistische Debatte über das Verhältnis von Theorie und Praxis nie stattgefunden habe. Andere sprechen im Blick auf die zusammengebrochenen Regime in Mittel- und Osteuropa von »frühsozialistischen« Systemen, als sei damit nur ein erster Versuch fehlgeschlagen und die Geschichte schon auf dem Weg, das Experiment unter verbesserten Bedingungen zu wiederholen.

Auch in den Konzepten eines Dritten Weges geistern die unaufgegebenen Träume herum und in der Hoffnung auf einen Sozialismus, der doch noch ein menschliches Antlitz trüge. Die Schrecken, die der jetzt endende Sozialismus zeit seiner Herrschaft verbreitete, vom Archipel GULAG über die ökologischen Verheerungen bis hin zu seinen unsäglichen Alltagsmiseren, sinken dabei zum bloßen »Realirrtum« ab.

Es mag durchaus sein, daß der sozialistische

Gedanke selber, wie behauptet wird, »unsterblich« ist. Aber die wirkliche Frage lautet, ob er mehr als ein Richtungsweiser sein kann und der Versuch seiner buchstäblichen Umsetzung nicht immer wieder ins Ausweglose führen muß. Denn er ist über die Menschen hinweggedacht und will doch in ihre Verhältnisse eingreifen, nicht nur Maßstab sein, sondern Praxis. Aus diesem Grund ist auch Heiner Müllers Bild schief, daß sich die Sozialisten »wie in einen Mönchsorden« zurückziehen könnten, »um zwei, drei Generationen lang ihre besudelte Idee zu reinigen ... und dann wieder vors Volk zu bringen«. Die alten Götter seien gestürzt. Aber irgendwann werde die Sehnsucht danach wieder erwachen, und neue Altäre würden von den zurückkehrenden Mönchen errichtet werden.

Gewiß sind solche Äußerungen vom Entzauberungsschrecken geprägt, von Irrtumsangst, Trennungsschmerz oder auch von bloßer Rechthaberei. Aber nicht auszuschließen ist, daß die Utopie als Verlangen nach dem ganz anderen, nach Verheißung und Epiphanie, vielleicht doch ein elementares Bedürfnis widerspiegelt, gegen das auch eine enttäuschende Erfahrung nur schwerlich ankommt: Heinrich Heines »Himmelreich auf Erden« mit Rosen und Myrten und Zuckererbsen für jedermann; die »süßen Träume« Immanuel Kants; und der in jedem schlummernde Märchenglaube an den Prinzen, der die

Welt aus ihrem Schlaf küssen und das verheißene Reich der Freiheit doch noch zustande bringen werde. Möglich wäre sogar, daß solche
Sehnsüchte in einer ernüchterten und von Zu-
kunftsängsten geplagten Welt noch zunehmen.
Denn nicht zuletzt darauf beruhte die Kraft jener
Welterklärungstheorien, zu denen die neuzeitli-
chen Utopien zählen: daß sie nicht nur der Ratlosigkeit plausible Deutungen anbieten, sondern
auch vorgeben, das ganze verworrene Erden-
durcheinander wie mit einem Schlage aus seiner
Undurchschaubarkeit zu lösen.

Von diesem Pathos des gordischen Knotens
haben die Utopien gezehrt, auch wenn sie
schließlich alle Antworten schuldig blieben und
die Menschen doch wieder auf das Kommende,
die »langen Perspektiven« der sozialistischen
Verkündigung vertrösteten. Denn in einer Welt
der unendlichen Abhängigkeiten gibt es keine
schlagenden Lösungen. Ihre Prozesse erlauben
nur das schrittweise Vorantreiben. Sie erzwin-
gen Umwege und Unterbrechungen sowie die
vielen mühseligen Kompromisse, die immer un-
rein wirken und statt des vollkommenen Zu-
stands nur den weniger unvollkommenen in
Aussicht stellen. Von Kant, der lebenslang Sympathien für die Französische und die Amerikani-
sche Revolution bekundet hat, stammt aus der
späteren Zeit die Einsicht, daß politische Verbesserungen nicht durch einen Sprung, mit Hilfe

von Gewalt und Umsturz, versucht werden dürften, sondern im beschwerlichen Gang »einer ins Unendliche fortschreitenden Annäherung«. Und Thomas Morus widerrief sogar sein eigenes Werk und meinte, es sollte besser verbrannt werden, »ehe die Leute, und sei es durch eigene Schuld, Schaden daran nähmen«.

Als Motiv nannte er, was man später den »anthropologischen Grundirrtum« aller utopischen Konzepte genannt hat: »daß die Menschen nun einmal sind, wie sie sind«. Er fürchtete jenes Mißverständnis, das mit der Aufklärung um sich griff, wonach die Utopien nicht, wie etwa die Zehn Gebote auf moralischem Felde, als Maßstab und Belehrung zum richtigen Tun, sondern als politische Handlungsmaxime verstanden werden könnten. Ihn beunruhigte schon die Einsicht, die dreihundert Jahre später, bei Goya, in einem berühmten Kupferstich Ausdruck fand: daß die träumende Vernunft Ungeheuer gebäre. Die Aufklärung hat immer ein Doppelgesicht gezeigt. Sie vermachte der Welt die Begriffe und Regeln, wonach ein Gemeinwesen als ein System geordneter und kontrollierter Freiheit entwickelt werden kann. Zugleich aber hat sie dem Trugschluß vorgearbeitet, daß die planende Vernunft alles bewerkstelligen könne: die Neue Ordnung und den Neuen Menschen.

Der Zauber dieses Anspruchs ist gebrochen. Doch auch wenn der Mensch in Zukunft ohne das große Tam-Tam der Utopien leben muß, kann man das Leiden an der Welt und die Ungeduld mit den Menschen doch nicht mit einem Achselzucken abtun. Auf dem Grunde aller utopischen Sehnsüchte liegt die Empfindung eines kränkenden Defekts, eines Bruchs am Anfang aller Zeiten, der weder ausgetilgt noch auf Dauer verdrängt werden kann.

Wenn die Menschen tatsächlich sind, wie sie sind, wird es immer wieder Einzelne oder Gruppen geben, die sich damit nicht abfinden und ihre Kritik zum Bild einer besseren, Gerechtigkeit und Glück verheißenden Ordnung erweitern werden. Und auch in Zukunft wird oft weniger Trauer als Triumph aus dieser Einsicht sprechen, ganz als suche man nur nach Rechtfertigungen, die Welt umzubauen und den Menschen, nach einem verbreiteten Bild aus der Aufbruchsphase des Kommunismus, gleichsam die Haut abzuziehen, um ihnen eine neue zuzuschneiden. Denn der Satz Sigmund Freuds, wonach »die Absicht, daß der Mensch ›glücklich‹ sei ... im Plan der ›Schöpfung‹ nicht enthalten« ist, wird stets die Einsicht weniger sein. Dem einen wie den anderen jedoch, der Welt wie den Menschen, kann nur gerecht werden, wer ihre Unvollkommenheit in Rechnung stellt, ohne sich davon korrumpieren zu lassen.

Würde dies zur herrschenden Auffassung, gewönne auch die Utopie den Platz zurück, den sie so lange innehatte und erst verlor, als sie nicht mehr Kritik und Parodie sein wollte, sondern Handlungsmodell und Prospekt von morgen. Die Lehre aus so vielen vergeblichen Anstrengungen und so vielen Katastrophen kann nur lauten, daß sie nichts mit praktischer Politik zu tun hat, sondern dem Reich der Phantasie entstammt und besser darauf beschränkt bliebe. Sie ist eher Gedankenspiel zum richtigen Zusammenleben, eine Sache von Witz und Geist und gemacht aus dem Stoff, aus dem die Märchen sind. Das Verlangen danach hätte, wie das nach den Geschichten vom Hans im Glück, vom Mann im Mond oder dem Kalifen Storch seinen Grund in dem Wunsch, sich in eine andere Welt entführen zu lassen, zu fremden Wesen in nicht geheuren Umständen, die gleichwohl die eigenen Lebensbedingungen spiegeln. Und am Ende könnte, wie bei dergleichen stets, eine Märchenmoral stehen, die der Nutzanwendung dient. Ihr Lehrsatz, auch er der Welt der Märchen entnommen, lautete, daß Utopien den Erlkönigen gleichen: Luftgeister aus Imagination und Wahn, die aber, wie der riesenhafte Oger, die Menschen verschlingen, die ihnen zu nahe kommen.

Die Erfahrung der Epoche, daß alle System-Utopien, ob gewollt oder nicht, in der Verwirklichung zu totalitären oder jedenfalls inhumanen Zuständen führen, kommt auch in dem erstaunlichen Sachverhalt zum Vorschein, daß seit Generationen kein Entwurf für eine ideale Ordnung mehr entstanden ist. Es scheint, als sei das optimistische Vokabular verbraucht und alle konstruierende Phantasie tief entmutigt. Statt dessen beherrschen die futuristischen Fortsetzer der Utopie das Feld. Aber auch sie bestätigen auf ihre Weise nur die deprimierende Lektion von hundert Jahren. Es gibt keine Science-fiction-Vision von Stanislaw Lem bis zu Isaac Asimov, die nicht drakonische Regime beschriebe mit nur noch numerierten Existenzen oder gentechnisch manipulierten Lebewesen. Was diese Literatur sichtbar macht, ist nicht so sehr der Pessimismus der Gegenutopie, als vielmehr die weitergedachte, unausweichliche Konsequenz der verwirklichten Utopie.

Bezeichnenderweise hat aber auch das unendliche, die Jahrhunderte begleitende Nachdenken über die ideale Gesellschaft nie ein wirklich offenes Gemeinwesen als System entworfen. Es gibt keine liberale Utopie. Der Widerspruch zwischen dem geschlossenen Charakter aller grundlegenden Neuentwürfe und der Offenheit einer nur dem Zwang der Spielregeln unterworfenen Ordnung ist sichtlich als unversöhnlich erkannt worden. Im Gegensatz zu dem philosophischen Ausgangspunkt, den die Utopisten zugrunde legten, nimmt das liberale Denken nicht nur die Unvollkommenheit von Welt und Menschen hin, um sie teils einschränkend, teils lenkend zu verbessern. Vielmehr betrachtet es die Dinge auch vom Einzelnen her, rechnet mit der Unvermeidbarkeit von Widersprüchen, Leidenschaften und Konflikten, während der utopische Gedanke zwangsläufig von der absolut gesetzten Ordnung ausgeht, die hoch über allen Einzelnen steht, ihre Interessen bändigt und die Gegensätze zur Ruhe zwingt. Sein tieferer Antrieb ist die Sehnsucht nach Einheit oder, von der Gegenseite her betrachtet, die Angst vor Spannungen und Antagonismen. Das eine wie das andere aber ist unvereinbar mit Idee und Wirklichkeit einer offenen Ordnung.

Zum Sterben des utopischen Gedankens hat auch beigetragen, was als »Zukunftsschock« in aller Empfinden eingegangen ist. Denn jede Utopie lebt vom Glauben an eine Welt neuer und verjüngter Möglichkeiten, von der Idee eines wie zweifelnd auch immer erwarteten Fortschritts. Es zählt zu den großen Ironien der Geschichte, daß der Fortschritt gerade in dem Augenblick zum Problem geworden ist, als die von den meisten Utopisten ersehnte Entfaltung der technischen Möglichkeiten jene Fülle und jenen Wohlstand in greifbare Nähe rückten, auf denen ihre Verheißungen aufbauten. Statt dessen ist nicht nur die Utopie, sondern, weit darüber hinaus, der Horizont eingestürzt, vor dem ihr Bild hochstieg.

Eine Zeitlang mögen die grünen Sehnsüchte

einer versöhnten Natur die Rolle der Utopie übernehmen. Aber die Bedürfnisse nach Verehrung, Aufgehobenheit in einem Glauben und nach Zuversicht, die den Utopien den Charakter von Ersatzreligionen gaben, werden sie nicht stillen; desgleichen keine jener geheimen Verrechnungen bieten für ein Leben voll von Ungerechtigkeit und Entbehrung sowie eine Art Ausgleich für die Sinnlosigkeit des Todes. Zuletzt fehlt in der grünen Vorstellungswelt auch die erregende Schlußvision eines gewaltigen Weltenringens, das die äußersten Kräfte freisetzt, jener Bühnenprospekt mit den erregenden Bildern der revolutionären Apokalypse und eines Letzten Gefechts, das am Durchgang zur Neuen Welt liegt und die einen vernichtet und die anderen heimholt.

Das Dilemma scheint kaum lösbar, zumal es zu den wiederkehrenden Gemeinplätzen der Gegenwart gehört, daß der Mensch ohne Utopie nicht leben könne. Aber sofern mit dem Begriff der Utopie mehr gemeint ist als die Sehnsucht nach einem Leben frei von Not, Angst oder Entrechtung, ist der Satz von Grund auf falsch. Die Utopie ist kein anthropologisches Faktum, schon gar nicht in der Spielart des geschlossenen Gesellschaftsentwurfs mit seiner uhrwerkhaft ineinandergreifenden Präzisionsmechanik, der niemals etwas anderes als das Entzücken engherziger Sozialmaschinisten war. In dieser Form ist die Utopie kaum dreihundert Jahre alt, und in allen ihren Formen eine auf Europa beschränkte und nur aus den besonderen europäischen Bedingungen heraus erklärbare Phantasmagorie.

Ebenso unzutreffend ist der immer wieder vorgetragene Einwand, daß der Mensch, zusammen mit der Utopie, auch seine gesellschaftlichen Verbesserungswünsche sowie überhaupt den Anspruch aufgeben müsse, jene Widersprüche aufzudecken und zu beseitigen, die der gesellschaftliche Prozeß aus sich hervortreibt. Weit eher ist das Gegenteil zutreffend. Der schrittweisen Verwirklichung einer humaneren Ordnung steht das utopische Verlangen geradezu im Wege, weil es alle Ordnung entweder überhaupt beseitigen oder aber von oben dekretieren will. In Wahrheit ginge mit dem Ende der Utopie als System nicht mehr verloren als der Einfluß einiger lange historisch gewordener Sozialphilosophen, die ihre begrenzten Einsichten ins Universelle dehnten und partikulare Wahrheiten mit der Wucht eines menschheitlichen Erlösungsgedankens ausstatteten.

Alle diese Überlegungen drängen zu dem Schluß, daß ein Leben ohne Utopie zum Preis der Modernität gehört. In der Erkenntnis, daß die totalitären Systeme, die das Gesicht der Epoche so übel zugerichtet haben, durchweg utopischen Träumen entsprangen, hat Václav Havel sich, als er noch der verfolgte Untertan eines sozialistischen Regimes war, zum Sprecher der enttäuschten, vom utopischen Furor erschöpften Menschen gemacht. Die weltweite Revolte gegen den Sozialismus deutete er als Aufstand derer, die ihre privaten Glückserwartungen gegen die großen politischen Heilsentwürfe zu behaupten suchten. »Der Utopismus der Epoche«, schrieb er in einem Essay von 1985, hat sich für uns »in grausamer Weise nicht ausgezahlt ... Wer schlägt uns hier wieder irgendwelche ›strahlenden Morgen‹ vor? Wer beunruhigt uns erneut mit einer Utopie? Welche nächsten Katastrophen werden – in bester Absicht – wieder vorbereitet?« Statt hochfliegender Zukunftssysteme mit allen ihren ermüdenden Glücksdiktaten gehe es nur noch um die Zuflucht in einem bescheidenen ideologiefreien Raum, der es den Menschen erlaube, auf einfache Art würdig zu leben.

Doch ohne Todeskampf wird der Geist der Utopie nicht aufgeben. Um die gleiche Zeit wie Václav Havel und wie in Erwiderung darauf, äußerte Jürgen Habermas: »Wenn die utopischen Oasen austrocknen, breitet sich eine Wüste von Banalität und Ratlosigkeit aus.« Der Satz offenbarte schon damals nicht nur einen Mangel an historischer Einsicht, sondern zugleich einen Erfahrungsabstand im Umgang mit der utopischen Banalität, die doch gerade die des Bösen ist.

Hinzu aber kam wohl auch eine Unvereinbarkeit im Denken selber. Während Havels Essay durch die immer neu ansetzende Beschreibung des Mißverhältnisses von Wort und Tat, Versprechen und Wirklichkeit im Sozialismus zur Korrektur eingefahrener Irrtümer gelangt, verteidigte Habermas die Idee gegen die Realität. Die Frage liegt nahe, ob hinter diesem Gegensatz nicht noch mehr zum Vorschein kommt: auf der einen Seite die Bereitschaft, sich von der Wirklichkeit belehren zu lassen, und auf der anderen die nicht zuletzt von der alten, spezifisch deutschen Schule herkommende Neigung, sich gegen das Leben ins Unrecht zu setzen, solange nur der Gedanke recht behält.

Als Erben von Karl Marx, und Ernst Bloch zur Seite, empfinden sich die Deutschen mehr denn je als Sachwalter des utopischen Guts und haben zusehends Gefallen an der Rolle gefunden, die Welt an die zahllosen uneingelösten Sehnsüchte zu erinnern, die jede Wirklichkeit offenläßt. Die Deutschen hätten nun die Aufgabe, die »Träume der Vernunft zu träumen ... für die ganze Welt«, hat unlängst noch ein Kulturfunktionär der ehemaligen DDR bemerkt.

Die Neigung geht lange zurück und ist der Sache nach ein später Ausläufer des theologischen Eifers der Nation. Als dieser mit der anhebenden Säkularisierung ins Leere zu laufen begann, schrieb Ludwig Feuerbach, die Politik müsse nun »unsere Religion werden«, und es schien, als habe er damit die Devise ausgegeben, die dem Denken des Landes seither die Richtung gab.

In der politischen Kontemplation jedenfalls fand dieses Denken ein neues Feld, das es mehr oder minder mit den alten Figuren besetzte. Selbst die größere Nähe zur Wirklichkeit vermochte nicht, die vertrautere Frage zu verdrängen, was hinter dieser Wirklichkeit eigentlich verborgen sei, was da hervordränge und wohin. Die Ideen behaupteten stets ihr Kronrecht über das Konkrete, und die Vernunft brauchte nicht vernünftig zu sein. In der politischen Geringschätzung für die »bloßen Pragmatiker« und »Macher« hat jene Rangfolge sich bis heute erhalten. Noch immer finden viele der »incertitudes allemandes« in diesem metaphysischen Affekt ihre Erklärung. Zusammen mit der Zaubermacht der in sich aufgehenden Theorie und einem von der Wirklichkeitsferne erregten gedanklichen Radikalismus erzeugt er das seltsame, verbreitet anzutreffende Bedürfnis, von der Politik immer etwas zu erwarten, was mehr ist als nur Politik.

Auf der gleichen Linie liegt, daß die Bundesrepublik, nicht ganz unvergleichbar der ersten Republik von Weimar, ein Staat mit nur geringem intellektuellem Beistand ist. Es gibt zwar den Haß nicht, aber doch die vielen Vorbehalte. Breite Gruppen tun sich schwer damit, einen wenn auch kritischen Frieden mit diesem Staat zu machen. Noch immer kann man von strengen, aber schwärmerischen Grauköpfen hören, welche Möglichkeiten schon im Ansatz von Adenauer und der »Restauration« der fünfziger Jahre vertan wurden, so daß die Republik intellektuell glanzlos blieb, nüchtern und ohne Vision, doch gemeint ist stets, ohne Geist der Utopie.

Während sich die Mehrheit der Deutschen nach vielen verlustreichen Irrwegen durch die Geschichte in einer womöglich allzu traumlosen Wirklichkeit eingerichtet hat, suchen viele Intellektuelle insbesondere aus dem akademischen Bereich mitsamt ihren Apostelscharen in den Medien noch immer nach einem Dritten Weg, irgendwo im Niemandsland zwischen System-Utopie und offener Gesellschaft, wo aber keine Brücken sind. Die einfache Wahrheit lautet, daß die modernen Sozialstaaten der offenen Gesellschaft, mit allen Abstrichen und Unzulänglichkeiten, dieser Dritte Weg sind. Anders, womöglich makelloser, sind solche Wege nicht zu haben.

Mit dem Ende der utopischen Systeme, die rund zweihundert Jahre lang die Geschichte beherrscht und ungewöhnliche Gewalten entfesselt, aber auch Blindheit, Angst und Verbrechen im Gefolge gehabt haben, endet vieles. Eine kaum übersehbare Hinterlassenschaft an Theorien, Denkräumen und Erwartungen, an Rauschmitteln, Ausflüchten und Tröstungen geht verloren. Niemand vermag zu sagen, wo ein Ausgleich dafür herkommen soll.

Seit die christliche Botschaft ihre Macht eingebüßt hat, läuft die Suche auf nichts geringeres als einen Ersatz für Gott hinaus sowie auf ein Jenseits, das die Utopien in diese Welt verlegten. Vielleicht gewinnen neuartige Sekten Zulauf, Gurus, Prediger des Weltendes oder Katecheten Schwarzer Messen; und während im Persönlichen die privaten Mythen zurückkehren, finden sich die Menschen im Öffentlichen mit einer Praxis ab, die nicht mehr Sinnfragen zu beantworten sucht, sondern vor allem Praxis ist, mehr Handwerk und Ingenieurswesen als metapolitische Fürsorge. Es wäre das Beste, was sich erwarten ließe.

Die Einbußen, die damit verbunden sind, zählen gering, wenn man überblickt, was die utopische Phantasie mit ihrer selbstverliehenen Ermächtigung über die Wirklichkeit angerichtet hat. Der Raum für kongruente Verbesserungen bleibt groß genug, auch wenn er nur den realistischen Traumbedürfnissen offenstünde. Wer nicht ganz unbelehrt auf die abgelaufene Epoche zurücksieht und nicht allzu pessimistisch für die Zukunft ist, wird auf einen Zustand setzen, der keine Utopie und doch nicht erfüllt ist: eine Welt, in der Menschen ohne politische Erlösungsversprechen und doch wie Menschen leben können.

wurde 1926 in Berlin geboren. Er studierte in Freiburg, Frankfurt am Main und Berlin Jura, Geschichte, Germanistik und Kunstgeschichte. 1963 wurde er Chefredakteur des Fernsehens beim Norddeutschen Rundfunk und veröffentlichte im gleichen Jahr eine Studie über die Führungsfiguren der NS-Herrschaft (»Das Gesicht des Dritten Reiches«). Von Anfang 1965 bis Ende 1966 leitete er daneben das Fernseh-Magazin »Panorama«. 1973 erschien die Biographie »Hitler«. Ende 1973 trat Fest als Herausgeber in die »Frankfurter Allgemeine Zeitung« ein. 1985 veröffentlichte er in der Reihe CORSO »Die unwissenden Magier. Über Thomas und Heinrich Mann«. 1988 folgte der Band »Im Gegenlicht. Eine italienische Reise.«